Das NW-Leserkochbuch

OSTWESTFALEN-LIPPE KOCHT

36 Rezepte

INHALT

KÜCHENWISSEN

1 SUPPE

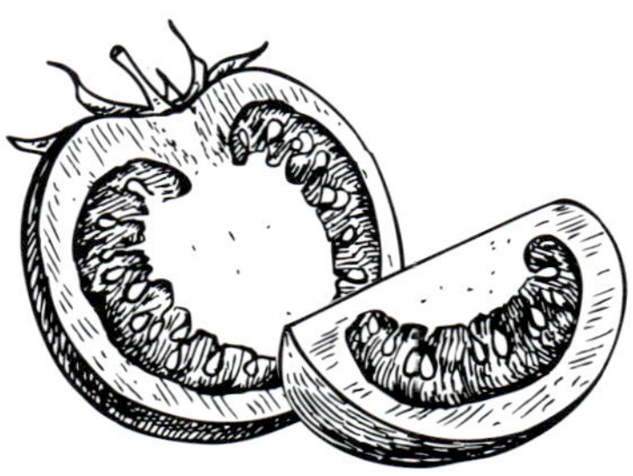

2 FLEISCH

3 VEGETARISCH

4 FISCH

5 DESSERT

LEBENSMITTEL

VORWORT

Liebe Leserinnen, liebe Leser,

Essen ist mehr als Nahrungsaufnahme.
Essen ist Genuss. Essen macht Spaß.
Essen ist Leidenschaft.

Wer so denkt, kocht auch gerne. Und wer gerne kocht, der hat bei dem Angebot, das es heute gibt, bestimmt auch zahlreiche Kochbücher zu Hause. Aber keines davon wird so einzigartig sein wie dieses. Denn in diesem Buch zeigt Ihnen nicht irgendein Promikoch, was er in seiner Profiküche leisten kann. Hier sind keine kurzzeitigen Foodtrends abgebildet. Hier gibt es nur Rezepte, für deren guten Geschmack ganz normale Menschen wie Sie und ich persönlich garantieren.

Unsere passionierten Hobbyköche aus Ostwestfalen-Lippe haben ihre Rezepte, die sie teils seit Generationen in der Familie kennen, über Jahre verfeinert und ihnen eine persönliche Note verliehen. Im Gespräch mit jedem von ihnen waren die Freude, der Stolz und die Überzeugung, dass das persönliche Lieblingsgericht auch andere begeistern wird, zu spüren. Ich hoffe, dass Sie beim Nachkochen das Gleiche empfinden.

Dabei wünsche ich Ihnen viel Spaß. Und natürlich guten Appetit!

Lennart Krause,
Hobbykoch und Redakteur

KÜCHENWISSEN

*Gute Zutaten sind das A und O
in der Küche. Aber sie alleine reichen
noch nicht für ein leckeres Essen.*

»JEDER KANN KOCHEN«

Fred Gehring ist Koch aus Überzeugung. Der Profi aus Bielefeld ist sich sicher, dass in jedem ein Talent am Herd schlummert!

Im Fernsehen und im Internet werden die Messer gewetzt, es wird geschnippelt und geschmort, dass es einfach eine Lust sein müsste, das alles mal selbst auszuprobieren. Trotzdem trifft man häufig auf Menschen, die schlicht behaupten, nicht kochen zu können . . .
Fred Gehring: . . . oder vielleicht einfach nicht wollen. Dabei ist Kochen im Grunde ganz einfach.

So kann nur ein Profi daherkommen. Können Sie sich überhaupt vorstellen, wie sich der Zuschauer angesichts der Stars in den Kochshows fühlen muss?
Prominente Köche wie Johann Lafer oder Alfons Schubeck sollte man sich in der Tat nicht als Vorbild nehmen. Eher kann eine Kochshow im Fernsehen als unterhaltsame Inspirationsquelle dienen.

Für einen, der bislang übers Wassererhitzen nicht hinausgekommen ist, muss es doch einen leichteren Einstieg geben.
Gibt es auch. Ganz einfach sind Dips. Dazu reicht als Basis etwas Quark, Joghurt oder Crème fraîche. Man kann unterschiedliche Gewürze unterrühren oder kleingeschnittene Kräuter oder Gurken, Avocados oder Tomaten. Zwischendurch immer mal wieder probieren, das geht alles ganz spielerisch. Das macht auch Spaß und ermutigt zum Weitermachen.

Das funktioniert alles ganz ohne Rezepte?
Selbstverständlich. Mut zum Experimentieren erhöht nämlich den Spaßfaktor. Das sollten auch Fortgeschrittene beherzigen, die ein neues Rezept ausprobieren wollen.

»Mit dem Spaß am Kochen wächst dann auch die Sicherheit!«

Spaß als Einstiegsdroge. Hört sich gut an. Wie lange dauert es denn, bis ein Anfänger eine genießbare Mahlzeit für zwei Personen hinkriegt?
Eine zeitliche Vorgabe sollte keine Rolle spielen. Ich sehe das eher als einen kontinuierlichen Prozess, in dessen Verlauf der Anfänger sich ständig weiterentwickelt. Mit dem Spaß wächst dann auch die Sicherheit. Und irgendwann traut sich der Anfänger, Freunde einzuladen und mit dem selbstgekochten Essen zu bewirten. Ein

toller Einstieg ist übrigens auch das gemeinsame Kochen mit Freunden. Jeder bekommt seine Aufgabe und kann gleichzeitig von den anderen lernen. Grillen, inzwischen das ganze Jahr ein Thema, ist auch eine gute Möglichkeit, sich in puncto Warenkunde schlau zu machen – und viel zu lernen. Ein Steak beispielsweise ist gar nicht schwer zu braten.

Das sagen Sie. Andere ärgern sich oft über die zähen Lappen, die sie zustande gebracht haben.
Wenn beim ersten Mal was schiefgeht, sollte sich niemand entmutigen lassen. Beim zweiten Mal wird's meist besser. Wie heißt es doch so schön: Es ist noch kein Meister vom Himmel gefallen.

Typisch Profi. Ist Ihnen eigentlich auch mal so richtig was misslungen? Wäre ein kleiner Trost für alle Dilettanten.
Niemals (lacht), jedenfalls nach meiner Überzeugung. Allerdings ist es mal während meiner Ausbildung so weit gekommen, dass mein Chef einen von mir zubereiteten Rotkohlsalat hinter mir hergeworfen hat. Meine Kollegen dagegen fanden das Essen ziemlich gut.

Was lernt daraus ein Anfänger?
Dass jeder mal eine Speise versalzen kann oder ihm etwas anbrennt. Den Spaß verderben sollten solche Pannen allerdings nicht. Mit ein paar Tricks wird das Essen meist wieder genießbar.

Verraten Sie wenigstens einen?
Na gut, ist im Grunde auch gar kein Geheimnis. Sollte das Essen mal versalzen sein, einfach mehr von den anderen Zutaten hinzufügen, bis die Speise wieder mundet.

Was können Sie Anfängern außer Dips noch empfehlen?
Pellkartoffeln mit Butter. Köstlich schmeckt das.

Mal abgesehen vom Geschmack. Welche Argumente sprechen Ihrer Meinung nach fürs Kochen?
Selbst kochen bedeutet, dass ich mich so gesund und preisgünstig ernähre, wie es sonst nicht möglich wäre. Wenn das nicht überzeugend genug ist.

»Jeder kann mal eine Speise versalzen oder etwas anbrennen lassen!«

Viele schreckt allein der Gedanke an die Vorbereitungen ab wie Zwiebeln pellen und hacken, Gemüse hobeln und, und, und.
Zwiebeln kann man inzwischen in gewürfelter Form kaufen, und Erbsen gibt es etwa gepalt in der Tiefkühltruhe. Der Vitamingehalt bei tiefgefrorenem Gemüse ist etwa ähnlich hoch wie zur Erntezeit. Man könnte an dieser Stelle noch viele Beispiele aufführen. Stattdessen möchte ich allen, die dieses Buch zur Hand nehmen, etwas nehmen: die Angst davor, beim Kochen Fehler zu machen. Im Grunde kann nichts schiefgehen. Und was beim ersten Mal nicht gut läuft, funktioniert beim zweiten oder auch erst dritten Mal. Das kann ich sogar versprechen.

Fred Gehring (60) führt in dritter Generation das Restaurant Der Koch am Bielefelder Siegfriedplatz.

ALLES, WAS EINE KÜCHE BRAUCHT

Vom einfachen Feuerplatz zur Hightech-Küche war es ein langer Weg. Tobias Wulfmeyer von Miele erklärt die perfekte Ausstattung.

Am Anfang war das Feuer. Als der Mensch vor gut einer Million Jahren durch Zufall nach einem Blitzschlag lernte, es zu zähmen, war er nicht nur in der Lage, seine Nahrung zu erwärmen, dadurch tierisches Eiweiß besser zu verwerten und somit das Wachstum seines Gehirns anzuregen – es war auch die Geburtsstunde des Kochens.

VOM FEUER ZUM HERD

In den folgenden Jahrtausenden machten sich Generationen darüber Gedanken, wie man die einfache Feuerstelle von einst perfektionieren kann. Spuren belegen, dass schon in der Steinzeit Vertiefungen in den Boden gegraben wurden, in denen eine Steinplatte als Unterlage für das Feuer lag. Gegart wurde meist am Spieß oder direkt in der Glut. Zu Beginn des Mittelalters wurde die Feuerstelle dann auf Sockel gestellt, kurz darauf in eine Wandnische integriert.

DER RAUCH MUSS WEG

Auch Schornsteine wurden damals erfunden, um den lästigen Rauch nach draußen abzuleiten. Trotzdem war die Feuerstelle noch immer offen. Das änderte sich erst um das 16. Jahrhundert herum: Sie wurde an drei Seiten geschlossen und mit einer Eisenplatte abgedeckt – der Prototyp eines Herdes. Die Eisenplatte wurde durch das darunter lodernde Feuer heiß, Töpfe wurden daraufgestellt und schon im 18. Jahrhundert gab es eine Art Herdplatte, die durch Einsatzringe in der Größe variabel war.

KÜCHE ALS TREFFPUNKT

Heute ist die Küche meist das Herzstück des Zuhauses. Hier trifft man sich mit der Familie, kocht, genießt. Bei aller Gemütlichkeit gilt aber auch heute noch: Die Küche muss praktisch sein. Schließlich soll sie einen Zweck erfüllen: Lebensmittel lagern, kochen. Was man dafür braucht? „Einen guten Backofen, ein Kochfeld und eine Dunstabzugshaube“, sagt Tobias Wulfmeyer, Koch bei Miele. „Ebenso gehört ein Kühlschrank in die Küche und nach Möglichkeit ein Gefrierfach – gerne auch als Kombination. Andere Kombinationsgeräte wie etwa ein Backofen mit Dampfgarer ermöglichen es, ein zusätzliches Gerät platzsparend unterzubringen. Ein Geschirrspüler hilft beim Abwasch, dabei punkten moderne Geräte mit niedrigem Wasser- und Stromverbrauch.“

»Moderne Geräte punkten mit niedrigem Strom- und Wasserverbrauch.«

INTUITIV BEDIENEN

Die Einbaugeräte sollten dabei möglichst auf Augenhöhe sein – das vereinfacht die Bedienung.

Arbeitsfläche und Kühlschrank sollten idealerweise nicht zu weit auseinander liegen. Beim Herd gibt es in Sachen Kochfeld dann mehrere Möglichkeiten. Generell aber gilt: „Ein Kochfeld mit einer einfachen, intuitiven Bedienung erleichtert den Alltag. Außerdem sollten sich einzelne Kochzonen auch für größere Töpfe zuschalten oder kombinieren lassen“, sagt Wulfmeyer.

SPEZIELLE TÖPFE

Dabei sind Induktionskochfelder zum Beispiel sehr schnell, weil Hitze nur dort entsteht, wo sie benötigt wird. Und es ist besonders sicher, denn die Glaskeramik bleibt vergleichsweise kühl. „Allerdings benötigt man Kochgeschirr mit magnetisierbarem Boden. Das lässt sich mit einem Magneten testen. Bleibt er am Topfboden haften, ist das Kochgeschirr induktionstauglich.“ Ansonsten gibt es aber noch die traditionellen Elektro- und Gaskochfelder. Bei ersteren erfolgt die Erwärmung durch Heizkörper unter der Glaskeramik, was man am roten Aufglühen der Kochzone erkennt. Hierfür benötigt man kein spezielles Kochgeschirr. Auch für Gaskochfelder nicht, die unabhängig von einem Backofen installiert werden können. Der Raum unterhalb des Kochfeldes steht dann als Stauraum zur Verfügung.

»Unter dem Gasherd kann man viel Platz für Stauraum einplanen.«

PERFEKT BACKEN

Als Grundausstattung für jede Küche rät Experte Wulfmeyer zu einem großen Topf etwa für Pasta oder Brühen und einem mittleren Topf für Gerichte wie Risotto. „Dazu sollte man sich ein paar kleinere Stieltöpfe für Saucen anschaffen, alle wenn möglich mit Deckel.“ Außerdem einen Bräter für große Fleischstücke, eine gusseiserne Pfanne und für die alltäglichen Kleinigkeiten eine beschichtete Pfanne. Für den Ofen gilt: Eine Funktion wie „Ober- und Unterhitze“ ist universell einsetzbar und klassisch gut: „Damit gelingen alle traditionellen Back- und Bratrezepte perfekt. Heißluft ist ideal für schnelles, schonendes Zubereiten auf bis zu drei Ebenen“, weiß Wulfmeyer.

FÜR PROFIS

Einen weiteren besonderen Hochgenuss bietet die Sous-vide-Garmethode. Bei dieser Methode werden Speisen in einer Vakuumverpackung bei konstant niedrigen Temperaturen im Dampfgarer gegart. Für die perfekte Vorbereitung auf das Sous-vide-Garen im Dampfgarer wird dem Vakuumierbeutel mit den Lebensmitteln in der Vakuumierschublade Sauerstoff und Luft entzogen. Die einfache Bedienung und die große Anwendungsvielfalt sorgen für besonderen Genuss.

SCHARFE SACHE

Worauf es beim Küchenmesser ankommt, verrät Koch Rüdiger Paul.

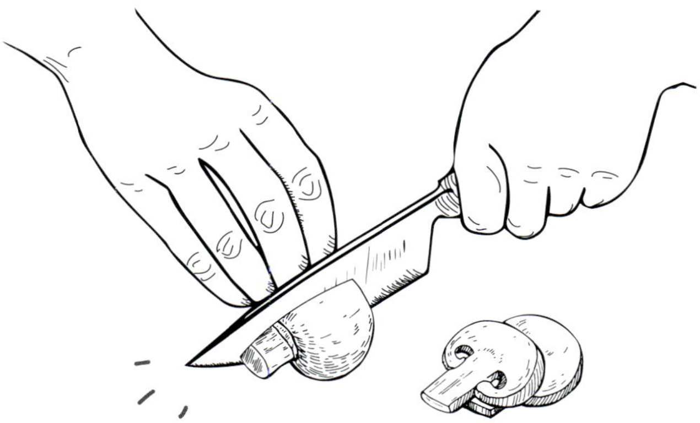

In jedem Fall gilt bei Messern: Klasse statt Masse! Drei verschiedene Typen reichen für den Anfang“, sagt Rüdiger Paul, Chef vom Schloß Holter Bistro und Catering-Anbieter „LaCuccina“. Da wäre zunächst das Kochmesser. „Der Allrounder in der Küche“, wie Rüdiger Paul sagt. Es hat eine etwa 20 Zentimeter lange Klinge und kommt täglich zum Einsatz. „Damit lässt sich alles schneiden. Wer etwas mehr Geld ausgeben will, kann über ein Santoku-Messer nachdenken, es hat eine breitere Klinge und kann das Schnittgut direkt in den Topf oder die Pfanne transportieren.“ Als Zweites sollte ein Schälmesser in keiner Küchenschublade fehlen. Es dient mit seiner besonders kurzen Schneide zum Bearbeiten von Gemüse und Obst, hilft beim Garnieren und „natürlich beim Schälen“, sagt Rüdiger Paul. Als drittes Messer empfiehlt der Koch, der zwei Jahre an der Adria lebte und lernte, ein Officemesser. Es ist eine Art Mischung aus Koch- und Schälmesser und ist zum Beispiel sehr hilfreich beim Rausschneiden von Tomatenstrünken. „Das reicht schon, mit diesen Messern kann man in der Küche sehr gut arbeiten. Ein gutes Brotmesser ist sicherlich noch empfehlenswert, aber eigentlich schon ein Spezialmesser, man sollte sich wirklich erstmal auf drei gute Exemplare der genannten Messer konzentrieren“, sagt Rüdiger Paul.

»Man sollte sich erstmal auf drei Gute Exemplare von Messern konzentrieren!«

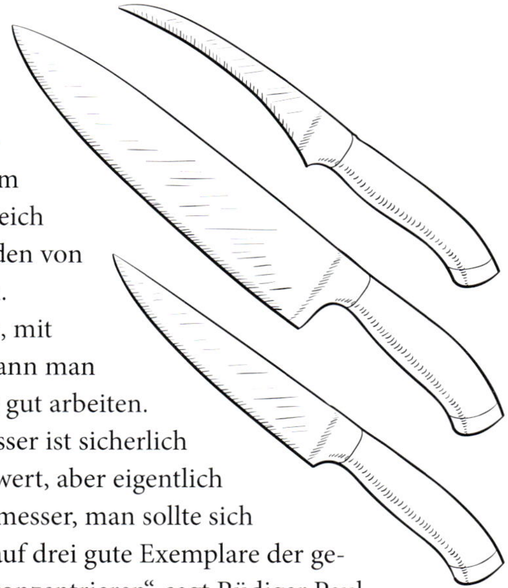

Woran aber erkennt man gute Messer? „Das lässt sich nicht pauschal sagen, sie müssen einem gut in der Hand liegen. Eine wichtige Rolle spielt die Qualität des Stahls, da sollte man sich je nach Preisklasse beraten lassen oder Tests im Internet lesen.“ Generell gilt: Damit ein Messer dauerhaft scharf bleibt, muss es regelmäßig geschärft werden. „Dazu sollte man es vor jeder Benutzung zwei- oder dreimal über einen Wetzstab ziehen“, empfiehlt Paul.

Nach der Benutzung sollten Messer direkt von Hand abgewaschen werden. Eine Reinigung in der Spülmaschine ist nicht zu empfehlen, da die chemischen Reiniger die Schneide des Messer angreifen und es stumpf werden lassen. „Und man schneidet sich nur mit stumpfen Messern, nicht mit scharfen“, sagt Rüdiger Paul, „denn mit stumpfen Messern arbeitet man mit zu viel Druck.“ Trotzdem sollte man auch bei scharfen Messern die richtige Technik beherrschen. Dazu bildet man eine Kralle, indem man Zeige- und Ringfinger der Hand, die nicht schneidet, hinter den Mittelfinger schiebt. So wird das Messer am Knöchel des Mittelfingers vorbeigeführt und man schneidet sich nicht. „Das braucht etwas Übung, damit man nicht doch den Daumen zum Festhalten des Schnittguts nimmt.“ Darum lautet der Tipp von Experte Rüdiger Paul: „Fangen Sie langsam an. Geschwindigkeit kommt mit der Zeit automatisch.“

MEHR ALS SALZ UND PFEFFER

Warum mehr als nur Pfeffer und Salz an jedes Essen gehört, erklärt Küchenchef Dirk Koschel.

Abschmecken – dieses kleine Wort findet sich in so gut wie jedem Kochbuch. Doch was genau ist eigentlich gemeint? Dirk Koschel, Küchenchef im GOP Bad Oeynhausen, sorgt für Klarheit.

Ob Suppe, Steak, Nudelgericht – was auch immer eine Küche verlässt, muss abgeschmeckt werden. So steht es auch in eigentlich allen Kochbüchern dieser Welt. „Doch anders, als viele denken, meint abschmecken nicht nur das Würzen mit Salz und Pfeffer“, sagt Dirk Koschel. In seiner Küche im GOP hat er mit ganz verschiedenen Zutaten und Rezepten zu tun, „doch das Abschmecken ist immer ähnlich“. Koschel erklärt, dass der Mensch durch seine Zunge vor allem vier Geschmäcker wahrnimmt: süß, sauer, salzig und bitter. „Und diese Geschmäcker gilt es möglichst mit jedem Gericht anzusprechen.“

Darum gehört zum Abschmecken eben nicht nur, das Gericht mit etwas Salz und Pfeffer zu würzen, sondern auch mit Säure und Bitterstoffen zu versehen.

> »Ich muss mein Nudelwasser nicht mit Fleur de Sel würzen!«

Wie aber bekommt man die am besten? „Das ist unterschiedlich“, sagt Koschel. „Säure lässt sich etwa durch etwas Essig, einen Schuss Zitronensaft oder auch durch Lebensmittel wie frische Tomaten erzielen.“ Für bittere Nuancen können zum Beispiel Röstaromen sorgen. „Darum ist es so wichtig, Fleisch oder Fisch richtig knusprig anzubraten, um diese Röstaromen auch wirklich zu bekommen.“ Dazu gehört in jede Speise etwas Salz und auch Zucker. „Das merkt die Zunge nicht immer aktiv, dass zum Beispiel im Kuchenteig eine Prise Salz und in der deftigen Soße eine Prise Zucker ist, aber im Zusammenspiel sorgt genau das dafür, was man im Volksmund mit dem Spruch ‚Das schmeckt rund‘ meint“, sagt Küchenchef Koschel.

Natürlich gibt es noch zahlreiche weitere Zutaten, die beim Abschmecken helfen! Frische Kräuter zum Beispiel können am Ende jedem Gericht eine interessante Geschmacksnote verpassen. Und auch beim Salz gibt es Unterschiede, welches wann zum Einsatz kommen sollte. „Ich muss mein Nudelwasser nicht mit Fleur de Sel würzen, da reicht günstigeres Salz“, sagt Koschel, „auf dem Fleisch aber sorgt dieses tolle und leicht feuchte Salz für einen Crunch, der dann so richtig Geschmack bringt.“ Generell gilt aber für das Abschmecken, was laut Koschel grundsätzlich auch fürs Kochen gilt: „Man muss einfach ausprobieren und sich rantasten.“

GENUSS UND VIELFALT AUF DEM TELLER

Kräuter und Gewürze verleihen Gerichten das gewisse Etwas – wenn sie richtig eingesetzt werden. Der Herforder Koch Marc Höhne gibt Tipps.

»Am besten saisonal kochen. Dann schmeckt alles, wie es sollte.«

Kräuter und Gewürze sind im Grunde ganz einfach zu handhaben. Man muss nur ein paar Grundregeln beachten. „Die Frische steht über allem", betont Marc Höhne, Inhaber des Elsbach Restaurant in Herford. „Nur dann entfalten sie ihr volles Aroma und verleihen die richtige Note." Der 43-Jährige hat auch gleich ein Beispiel parat: „Nehmen wir den Bärlauch. Wenn er blüht, ist es zu spät, um ihn noch zu verarbeiten." Dann verlieren die Blätter ihren Geschmack. Aber zum Glück hat der Profi eine Lösung parat: „Frische Kräuter lassen sich gut einfrieren." Noch besser bewahrt sich das Aroma jedoch, wenn sie vorher vakuumiert werden.

Damit frische Kräuter ihren vollen Geschmack entfalten, sollten sie immer erst ganz am Ende zum Gericht gegeben werden. So wird verhindert, dass die Aromen verfliegen. Außerdem werde vermieden, dass sie ihre frische Farbe verlieren. Doch auch hier gibt es Ausnahmen: „Manchmal werden die Kräuter auch schon mitgekocht. Thymian und Rosmarin beim Schmorbraten zum Beispiel."

Ein Garant für Geschmacksexplosionen sind auch Samen wie Fenchel-, Senf- oder Koriandersaat. „Ohne Fett in der Pfanne oder im Backofen anrösten, mörsern und dann zum Gericht geben." Bei dem Gedanken daran gerät Höhne ins Schwärmen. Auch aus Kardamomkapseln könne man so das Beste herausholen. Vakuumiert oder in Dosen mit Deckel lassen sie sich auch einige Zeit aufbewahren. Generell gilt: „Erstens lohnt es sich wirklich, sich die Zeit beim Kochen zu nehmen und auf die richtige Verwendung dieser Produkte zu achten." Und zweitens: „Am besten saisonal kochen. Dann schmeckt alles auch so, wie es sollte."

Gewürzt wird mit Kräutern übrigens nach Geschmack, meint der Profi. „Sehr geschmacksintensive Kräuter wie Koriander sollte man nur wohldosiert verwenden. Sonst schmeckt das Essen schnell seifig."

Auch für die Verwendung von Salz hat Marc Höhne noch einen Tipp parat. „Salz ist hygroskopisch." Das bedeutet, dass Salz Wasser zieht. „Wer Pilze anbrät und diese vorher salzt, der hat am Ende viel Sud in der Pfanne", weiß der 43-jährige Restaurantbesitzer. Deslhalb erst anbraten und dann würzen.

SUPPE

*Viel mehr als nur eine Vorspeise.
Diese Suppen wärmen, sind
geschmacksintensiv und wohltuend.*

1

SPARGELSUPPE
mit Kokosmilch

1

Zutaten

- 600 g Spargel
- 500 ml Gemüsebrühe
- 1 Prise Zucker
- 250 g Garnelen
- 300 g Möhren
- 2–3 Lauchzwiebeln
- 1 rote Chilischote
- 2 Knoblauchzehen
- 25 g Ingwer
- ½ Bund Koriander oder Petersilie
- 250 ml cremige Kokosmilch
- 2–3 TL Currypulver
- Mandelblätter
- Salz

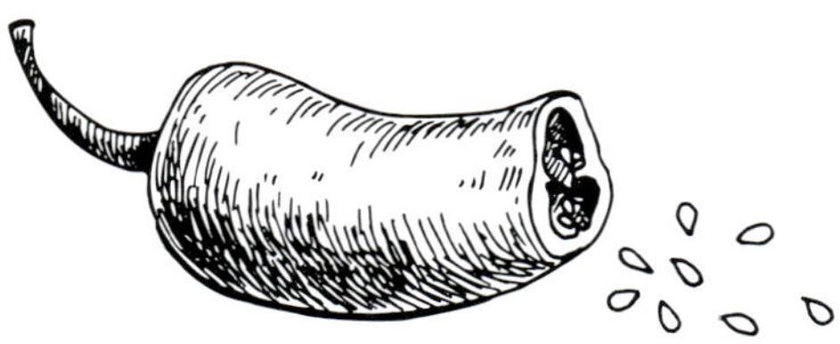

Zubereitung

1. Spargel waschen, schälen und in mundgerechte Stücke schneiden. Brühe und Zucker aufkochen und Spargel darin etwa 12 Minuten kochen. In der Zwischenzeit Möhren putzen, schälen und schräg in Scheiben schneiden. Chili halbieren, entkernen und in Ringe schneiden. Knoblauch und Ingwer schälen, sehr fein hacken. Koriander/Petersilie feinhacken, etwas davon zum Garnieren beiseitelegen.

2. Spargel abgießen, Brühe dabei auffangen. Öl in einer Pfanne erhitzen, Garnelen anbraten. Dann Möhren hinzugeben und bei mittlerer Hitze unter häufigem Rühren gut 5 Minuten braten. Lauchzwiebeln, Chili, Knoblauch und Ingwer zufügen, kurz mitbraten. Die Garnelen und das Gemüse in den Topf mit der aufgefangenen Brühe geben, Kokosmilch und eventuell Wasser hinzufügen. Curry und Salz dazugeben, abschmecken und alles 5 Minuten köcheln lassen.

3. In der Zeit Mandeln in der Pfanne ohne Fett leicht rösten. Spargel und Koriander (oder Petersilie) zugeben und kurz mit erwärmen. Zum Garnieren den restlichen Koriander oder die restliche Petersilie und die gerösteten Mandeln verwenden.

Für 4 Personen 1 Stunde

Ein Rezept von

NICOLE JURCZYK AUS PREUßISCH OLDENDORF

Kochen ist für Nicole Jurczyk und ihren Mann mehr als ein Hobby. „Wir kochen eigentlich jeden Tag und immer frisch“, sagt die 31-Jährige. An ihrem Rezept für die Spargelsuppe mit asiatischem Touch gefällt ihr besonders, dass es schnell zubereitet ist. „Man muss nur ein wenig schnippeln, der Rest geht fix.“

Tipp: Die Garnelen lassen sich auch sehr gut in Chiliöl anbraten.

Wissen:

KORIANDER

Der Koriander zählt zu den ältesten Küchenkräutern der Welt. Vor allem in asiatischen Ländern wie Indien und China, aber auch in Nordafrika und Südeuropa ist Koriander bereits seit Jahrtausenden ein Bestandteil der Küche. Aus gutem Grund, denn die Blätter und Samen sind sehr gesund. So hemmt Koriander etwa das Wachstum von Bakterien und Pilzen. In Laborversuchen zeigte das Kraut sogar Wirkung gegen multiresistente Krankenhauskeime. Studien müssen aber erst belegen, ob Koriander als pflanzliches Antibiotikum eingesetzt werden kann. In der Küche passen die Kräuter auf jeden Fall zu verschiedenen asiatischen Speisen. Auch einem grünen Salat verleiht Koriander zusätzliche Frische.

OMAS GRAUPENSUPPE
mit Mettenden

1

Zutaten

- 1 Zwiebel
- 4 EL Öl
- 100 g Perlgraupen (mittelgrob)
- 1–2 Möhren
- 2 Lauchstangen (in Ringe geschnitten)
- 100 g Sellerie
- 3 mehligkochende Kartoffeln
- 1,2 Liter Wasser
- 2 bis 3 Würfel Fleischbrühe oder Gemüsebrühe
- 4 Mettenden
- ein TL Salz
- eine Prise Pfeffer
- frisch gehackte Petersilie

Zubereitung

1. Zwiebel würfeln. Öl in einem Topf erhitzen, Zwiebel darin glasig dünsten. Möhren, Sellerie und Kartoffeln klein schneiden. Bis auf den Lauch und die Würstchen alle Zutaten zu den gedünsteten Zwiebeln geben und bei mittlerer Hitze zugedeckt 20 Minuten köcheln lassen.

2. Nach den 20 Minuten den Lauch und die Mettenden hinzufügen und weitere 20 Minuten zugedeckt köcheln.

3. Die Graupensuppe mit frischer Petersilie garnieren. Wer mag, kann die Suppe noch mit einem Löffelchen Senf verfeinern.

Für 4 Personen 50 Minuten

Ein Rezept von

KIRSTEN NIEKAMP AUS BIELEFELD

„Ich bin früher viel mit meinem Rucksack in der Welt gereist", sagt Kirsten Niekamp. Immer wenn die 47-Jährige wieder nach Hause kam, wartete ihre Oma mit einer frischgekochten Graupensuppe auf sie. „Ihr widme ich das Rezept. Da sie es mir nie aufgeschrieben hat, habe lange ich herumprobiert. Jetzt schmeckt es wie bei Oma!"

Tipp: Dazu passt eine dicke Scheibe Bauernbrot!

Wissen:

GRAUPEN

Den Namen kennt jeder, aber was genau sind Graupen eigentlich? Einfach gesagt: die Körner der Gerste. Doch mit denen muss erst eine Menge passieren, ehe sie essbare Graupen werden. Die Körner müssen zuerst von der Hülse befreit, entspelzt, geschält und danach poliert werden. Dies passiert in mechanischen Verfahren in sogenannten Graupenmühlen. Die nun fertigen Graupen eignen sich perfekt als sättigende Einlage in der Suppe oder in Eintöpfen. Es lässt sich auch Risotto daraus kochen. Generell sind Graupen nach der Bearbeitung sehr leicht verdaulich und deshalb ideal geeignet für viele Diäten. Die Kehrseite der Medaille: Graupen sind leider sehr nährstoffarm!

MÖHREN-APFEL-SUPPE
mit Ingwer

Zutaten

1

- 1 kg Möhren
- 3 saure Äpfel
- 1 rote Zwiebel
- 1 Ingwerwurzel (halbe Daumengröße, nach Belieben mehr)
- 400 ml Gemüsebrühe
- Milch oder Sahne, je nach Wunsch
- Fett zum Anbraten
- 1 Bund Petersilie
- Kresse zum Dekorieren

Zubereitung

1. Die Zwiebel schälen, kleinschneiden und in etwas Fett anbraten. Möhren waschen, putzen und in grobe Scheiben schneiden, zu der Zwiebel dazugeben, zwischendurch umrühren, dann die Gemüsebrühe dazugeben, mit geschlossenem Deckel etwa 10 Minuten bei schwacher Hitze köcheln.

2. Äpfel waschen, achteln und mit Schale in den Topf geben, 5 Minuten weiter sieden. Den Ingwer schälen, grob in Stücke schneiden und dazulegen. Die gehackte Petersilie dazugeben.

3. Mit dem Pürierstab alles zerkleinern und, je nach Konsistenzwunsch, nach und nach mit Milch oder Sahne auffüllen und mit Gemüsebrühe oder Kräutersalz abschmecken.

Für 4 Personen 30 Minuten

Ein Rezept von

REGINE OTTE-PINKSE AUS SCHLOß HOLTE-STUKENBROCK

„Eigentlich koche ich gar nicht so gerne", sagt die 51-Jährige. Doch nachdem sie eine ähnliche Suppe einmal in einem Bio-Restaurant probiert hatte, „wollte ich zu Hause versuchen, sie nachzukochen. Und ich muss sagen, mir schmeckt meine sogar noch besser. Auch wenn ich sie für andere koche, sind alle begeistert."

Tipp:

Lieber weniger Flüssigkeit nehmen und später bis zur gewünschten Konsistenz aufgießen!

Wissen:

INGWER

Über die Wunderknolle aus Asien ließen sich ganze Bücher schreiben. Darum nur das Wichtigste in Kürze: Ingwer ist extrem gesund. Er wirkt sich auf ganz verschiedene Arten positiv auf die Gesundheit aus. So hilft Ingwer etwa, die Verdauung anzukurbeln, er lindert Schmerzen und hilft gegen Übelkeit. Zusätzlich werden Ingwer weitere positive Eigenschaften zugeschrieben, die aber wissenschaftlich noch nicht belegt sind. Ob die Knolle wirklich bei Erkältungen und schlimmeren Krankheiten hilft, steht noch nicht fest.

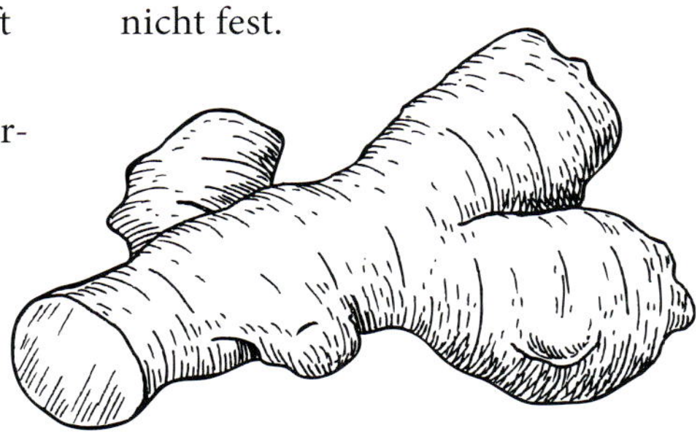

Was aber feststeh,t ist: Ingwer ist das perfekte Gewürz für zahlreiche asiatische Speisen. Auch sehr beliebt ist, Ingwer in heißes Wasser zu geben und als Tee zu genießen. Kleiner Tipp: Die Schale des Ingwers lässt sich sehr gut mit einem Teelöffel abschaben. Einfach nur mit der Seite der Laffe über die Knolle kratzen.

WÄRMENDE FISCHSUPPE
mit Safran

1

Zutaten

- Fischreste zum Auskochen oder: 1 Liter Fischfonds
- pro Person mindestens 150 g festkochendes Filet sowie Krabben oder Shrimps, nach Wunsch Muscheln
- 7 mittlere Möhren
- 4 mittlere Stangen Porree
- 2 Zwiebeln
- 1 Sellerieknolle
- 1 Knoblauchknolle
- 1 Schälchen Kirschtomaten
- 1 Glas Weißwein
- je ¼ Liter Schlagsahne und Crème Fraîche
- Sojasoße, Senf, Tomatenmark nach Belieben
- viel Safran oder Kurkuma für eine kräftige gelbe Farbe
- je nach Geschmack folgende Gewürze: Wacholderbeeren, Lorbeerblätter, Paprika, Rosmarin, Oregano, schwarze und rote Pfefferkörner, Kardamom, Kümmel, Ingwer, Sternanis und Meersalz.

Zubereitung

1. Vorbereitung des Suds: Die Fischreste eine halbe Stunde in am besten zunächst eiskaltem leicht gesalzenem Wasser auskochen – nicht länger, sonst wird der Fond trüb. Wenn Köpfe dabei sind, die Kiemen vorher rausschneiden. Dann die Fischreste wegwerfen und alles durch ein Sieb gießen. Ersatzweise fertigen Fischfond nehmen – Fischreste müssen heute meist vorbestellt werden und sind kaum noch zu bekommen. In dem Fond die Hälfte des Gemüses grobgeschnitten auskochen (Möhren, Porree, Zwiebeln, Sellerie). Ersatzweise kann man auch dafür Fond kaufen oder Instant-Gemüsebrühe nehmen. Die groben Gewürze alle bereits mitkochen. Dann wiederum alles durch ein Sieb gießen und nur die pure Brühe weiterverwenden.

2. In dem Brüheextrakt jetzt feingeschnittene Möhren-, Porree- und Knoblauchscheiben einige Minuten fast weichkochen. Weißwein zugeben, alle feineren Gewürze, Sojasoße, Tomatenmark und Senf nach Belieben dazugeben, dabei aufkochen und laufend die Suppe abschmecken. Zum Schluss mit der Schlagsahne und Crème Fraîche verquirlen und verfeinern. Einige Anis-Sterne und rote Pfefferkörner zugeben, sie schwimmen dekorativ oben. Halbierte Kirschtomaten in die kochende Suppe geben und Kochplatte ausstellen. Nach einer Minute den gewürfelten Fisch und evtl. Muscheln zugeben, nur noch ganz kurz köcheln, bis ein Probestückchen innen nicht mehr roh ist. Zum Schluss die Krabben/Shrimps dazugeben (nicht mehr direkt kochen). Fertig zum Servieren!

Für 4 Personen 45 Minuten

Tipp: Dazu passt warmes Baguette!

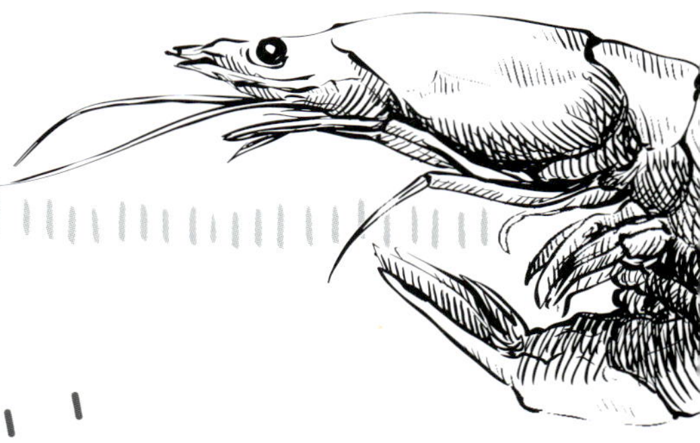

Ein Rezept von

ANKE SCHMIDT AUS BIELEFELD

Wenn die 57-Jährige nicht gerade auf Reisen ist, liebt sie es, in ihrer Küche im Bielefelder Westen zu stehen „und neue Gerichte auszuprobieren, denn nach Rezept koche ich eigentlich nie". Auch die Fischsuppe ist durch Probieren entstanden. „Ich finde es so schön, dass man keinen teuren Fisch braucht, sondern der Geschmack der Suppe dominiert und der Fisch alles noch perfekt abrundet."

STECKRÜBENEINTOPF
mit Mettwurst und Rauchenden

1

Zutaten

Für die Brühe
- 2 frische Mettwürste
- 2 Rauchenden
- 250 g Schweinebauch
- ½ Pfund geräucherte Rippchen
- 2 Lorbeerblätter
- 1 Zwiebel
- 8 Pimentkörner
- Salz

Für den Eintopf
- 2 Kilo Steckrüben
- ½ Pfund Möhren
- 1 Pfund Kartoffeln (mehligkochend)
- Muskat
- Pfeffer

Zubereitung

1. Zuerst die Brühe ansetzen. Dazu das Fleisch in einen Topf geben und ganz kurz anbraten. Die Zwiebel in grobe Stücke schneiden und dazugeben. Anschließend Lorbeerblätter, Pimentkörner und eine kleine Prise Salz dazugeben, alles einmal durchrühren und dann das Wasser aufgießen. Die Brühe muss jetzt gute eineinhalb Stunden langsam köcheln.

2. Derweil die Steckrüben schälen und in Stücke schneiden. Dabei vorsichtig sein, denn die großen Rüben lassen sich nur schwer verarbeiten. Anschließend die Möhren und die Kartoffeln schälen und ebenfalls in Stücke schneiden. Nach den eineinhalb Stunden die Brühe in einen großen Topf sieben. Anschließend Möhren, Steckrüben und Kartoffeln zur Brühe hinzufügen. Mit etwas Muskat und Pfeffer würzen.

3. Den Eintopf jetzt weitere 45 Minuten bei schwacher Hitze köcheln lassen. Zwischendurch immer mal wieder umrühren. Anschließend die Hälfte des Eintopfs abschöpfen, in eine Schüssel geben und mit dem Zauberstab pürieren. Dann wieder mit dem restlichen Eintopf gut vermengen und erneut mit etwas Muskat und Pfeffer würzen.

Für 4 Personen ca. 2 Stunden 30 Minuten

Tipp: Mit einem Löffel Senf schmeckt's noch besser!

Ein Rezept von

ALEXANDRA VOGT AUS BIELEFELD

Die 72-Jährige schwingt seit Jahrzehnten mit Begeisterung den Kochlöffel. Und ungefähr so lange kennt die Brackwederin auch schon dieses Rezept. „Ich mag den kräftigen Geschmack. Und aus Erfahrung weiß ich, dass diese Suppe auch vielen schmeckt, die eigentlich glaubten, keine Steckrüben zu mögen.“ Dazu gehören auch ihre Enkelkinder, die von der Suppe gar nicht genug bekommen können.

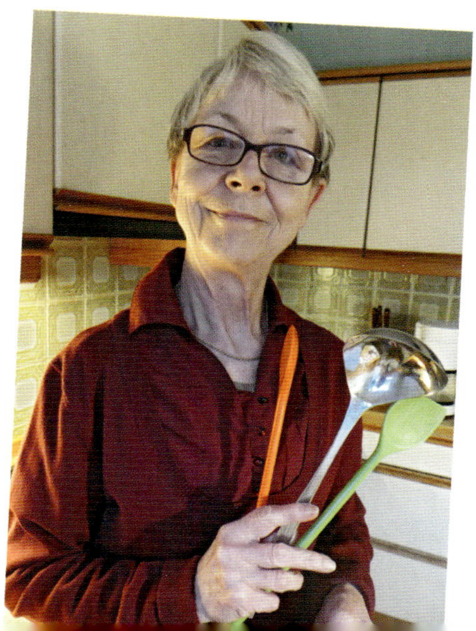

FLEISCH

*Ein absoluter Star in der Küche.
Kein Wunder bei den vielen
Einsatzmöglichkeiten.*

2

RINDERCARPACCIO
mit Spargel-Tagliatelle

2

Zutaten

Vinaigrette:
- 3 Limetten (Saft und etwas Schalenabrieb)
- 3 EL Honig
- 3 EL Olivenöl
- 3 EL Pflanzenöl
- 3 EL milder O-Saft
- 1 Messerspitze Vanille
- Salz, Pfeffer und Zucker zum Abschmecken

Rindercarpaccio:
- 400 g selbstgeschnitten vom Rinderfilet oder TK-Rinder-Carpaccio, portionsweise zu 80 g hauchdünn geschnitten
- ½ Bund Rucola
- 4 EL Olivenöl (oder Knoblauchöl)
- Salz und Vanille-Pfeffer
- etwas geriebene Limetten-schale
- etwas gehackte Pistazien

Spargel-Tagliatelle:
- 200 g weißer Spargel
- 200 g grüner Spargel (alternativ 1 Bund Frühlingszwiebeln, nur das Grün)
- 300 g Tagliatelle
- 100 g Butter
- Salz und Pfeffer
- 100 g Parmesan, frisch gehobelt

Zubereitung

1. Die Vinaigrette aus den links genannten Zutaten anrühren und abschmecken, etwas Limettenabrieb für das Carpaccio zurücklegen.

2. Die Teller mit etwas Öl abreiben. Das Rindercarpaccio flächig und ganz dünn auf den Tellern anrichten. Mit etwas Olivenöl, Salz und Pfeffer würzen.

3. Rucola waschen, trockentupfen, auf dem Teller verteilen – dabei die Mitte aussparen – und mit etwas Vinaigrette beträufeln.

4. Den zurückgestellten Limettenabrieb und die Pistazien auf das Carpaccio streuen.

5. Spargel schälen und anschließend mit einem Sparschäler in dünne Streifen schneiden. Die Spargelköpfchen abschneiden, in etwas Butter, mit Salz und Zucker würzen und anbraten, abkühlen lassen und auf dem Carpaccio mit anrichten.

6. Das Grün der Frühlingszwiebeln in feine Streifen schneiden.

7. Nudeln in Salzwasser bissfest kochen und abgießen.

8. Spargelstreifen in einer großen Pfanne oder einem Topf etwa 2 Minuten in Butter andünsten, Frühlingszwiebeln zugeben und kurz mitdünsten und mit Salz und Pfeffer würzen. Nudeln unter das Gemüse heben und vorsichtig mischen. Die fertigen Spargel-Tagliatelle als Nest in die Mitte des Carpaccios legen und servieren.

Für 4 Personen 35 Minuten

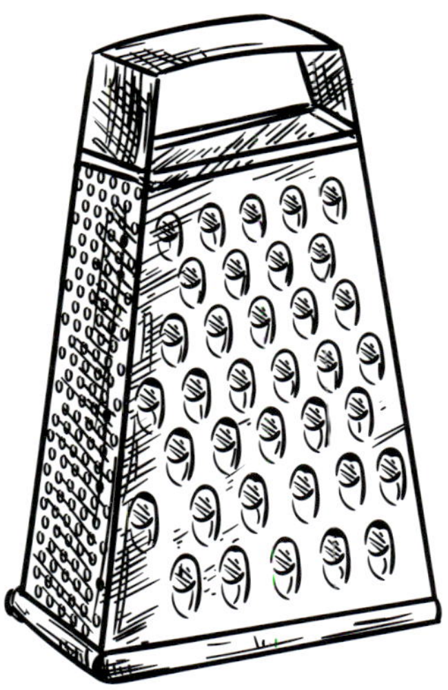

Tipp: Dazu passt ein trockener Rotwein.

Ein Rezept von

DANIEL BASLER AUS HERFORD

„Dieses Gericht läutet für mich so richtig den Frühling ein", sagt Daniel Basler. Besonders begeistert ihn die Kombination der vielen verschiedenen Zutaten. „Das ergibt einen tollen frischen Geschmack, ich kann wirklich nur empfehlen, das nachzukochen." Daniel Basler wird bestimmt auch einige der Rezepte aus diesem Buch nachkochen, denn am Herd zu stehen ist für ihn Leidenschaft pur.

LAMMFILET MIT WARMEN LINSEN

und Feldsalat

2

Zutaten

- 200 bis 300 g Lammfilet pro Person
- Salz, Pfeffer, Zatar

- 1 Becher orange Linsen (ca. 250 g)
- 1 Bund Frühlingszwiebeln
- 2 Knoblauchzehen
- 1 Teelöffel kleingeschnittener Ingwer
- 1 Teelöffel gemahlener Kreuzkümmel
- 1 l Gemüsebrühe
- 1 Bund Koriander

- 2 Feldsalate
- Arganöl, Erdnussöl, Balsamico
- je 1 Teelöffel Senf und Honig
- Pfeffer, Salz

Zubereitung

1. Knoblauchzehen, Ingwer und Kreuzkümmel in einer eingeölten Pfanne oder einem Topf mit großem Durchmesser kurz anbraten, dann Linsen dazugeben. Für ca. eine Minute bei kleiner Flamme rührend erhitzen. Vorsichtig einen halben Liter Gemüsebrühe aufgießen und bei kleinster Flamme ca. 20 Minuten köcheln lassen. Hin und wieder umrühren. Gegebenenfalls etwas Brühe nachgießen. Sobald die Linsen fertig sind, kleingeschnittene Frühlingszwiebeln unterrühren. Vor dem Servieren kleingeschnittene Korianderblätter untermischen. Ein paar Blätter zum Garnieren aufheben.

2. Feldsalat waschen. Dressing mit Arganöl, einem kleinen Schuss Erdnussöl, Balsamico, Senf und Honig anrühren. Mit Salz und Pfeffer abschmecken, dann Salat unterheben.

3. Lammfleisch nach eigenem Gusto braten. Erst nach dem Bratvorgang salzen und pfeffern, damit das Fleisch nicht austrocknet. Dann mit Zatar bestreuen.

4. Lamm, Feldsalat und Linsen (mit Koriander dekorieren) auf einem Teller anrichten.

Für 4 Personen 15 Minuten

Ein Rezept von

ANNETTE KLUSMANN UND DERK STEINERT AUS BIELEFELD

Besonders am Wochenende probieren die beiden in ihrer Küche gerne mal neue Rezepte und neue Geschmackszusammenstellungen aus. An diesem Rezept begeistert sie neben der Mischung aus kalt und heiß besonders, dass die Linsen durch den Koriander und die weiteren Gewürze nicht zu schwer werden.

Tipp: Dazu passt eine dicke Scheibe Ziegenrolle!

Wissen:

KREUZKÜMMEL

Der Kreuzkümmel ist im Gewürzregal oftmals auch unter dem Namen Cumin zu finden. Zwar ist er mit dem hierzulande bekannten Kümmel verwandt, geschmacklich haben Kreuzkümmel und Kümmel aber nichts Ähnliches. Der Kreuzkümmel stammt aus dem asiatisch-arabischen Raum und ist zum Beispiel sehr prägend in der indischen Küche. Er ist auch Bestandteil vieler Curry-Mischungen. Cumin gibt es sowohl als ganze Samen und auch schon gemahlen. Besonders gut ist Kreuzkümmel in Verbindung mit eher schwerverdaulichen Gerichten, etwa Kohl, da er beruhigend auf den Magen-Darm-Trakt wirkt und auch dabei helfen kann, Magenkrämpfe zu lösen. Außerdem passt er sehr gut zu scharfem Essen, da er auch hier bei der Verdauung hilft. Wichtig: Lieber vorsichtig mit Kreuzkümmel würzen, da der Geschmack dominant und oftmals ungewohnt ist.

WILDSCHWEINFILET
in Cognac-Zwiebelsoße

2

Zutaten

- 2 Wildschweinfilets (schmeckt auch mit Schweinefilets)
- Salz, Pfeffer
- etwas Mehl
- 1 Becher Sahne
- 1 EL Butter
- etwas Olivenöl
- 1 Zwiebel
- Nach Geschmack Pilze
- Ein Schuss Cognac

Zubereitung

1. Die Filets in 16 kleine Stücke schneiden, mit Salz und Pfeffer würzen. Etwas Mehl auf einen Teller geben und die Filets darin wenden. Butter und Olivenöl in eine Pfanne geben und die leicht bemehlten Filetstücke darin anbraten, dann herausnehmen und auf einem Teller ruhen lassen.

2. Eine kleingeschnittene Zwiebel anbraten, bis sie leichte Bräune angenommen hat. Wer mag, kann sehr gut Pilze der Saison hinzufügen und diese dann zusammen mit den Zwiebeln anbraten.

3. Das Ganze mit einem kleinen Schuss Cognac und einem Becher Sahne ablöschen.

4. Die Filets wieder in die Soße zurückgeben, Deckel aufsetzen, warmstellen – fertig.

Für 4 Personen 25 Minuten

Ein Rezept von

CHRISTINE WENDT AUS RÖDINGHAUSEN

Das die 60-Jährige hier ein Wildgericht präsentiert, ist wahrlich keine Überraschung. „Mein Mann ist Jäger und hat ein eigenes Revier in Brandenburg, daher koche ich gerne mit Wildfleisch“, sagt die leidenschaftliche Köchin, die sich aber auch immer wieder Zeit für ihre anderen Hobbys nimmt. Ganz besonders für das Malen mit Acryl, „und ich schreibe Kindergeschichten“, erzählt Christine Wendt.

Tipp: Dazu reicht man Kartoffeln, Kroketten, auch Rotkohl oder Salat.

Wissen:

COGNAC

Im deutschen Sprachgebrauch ist Cognac ein Synonym für Weinbrand. Das ist so aber nicht richtig. Denn mit dem Cognac verhält es sich wie mit dem Champagner. Cognac darf ein Weinbrand nur heißen, wenn er aus der französischen Stadt Cognac oder den umliegenden Weinbaugebieten stammt. Fernab der Herkunft steht aber fest, dass ein Schuss Cognac einer Soße wie hier in diesem Rezept Charakter und Geschmack verleihen kann. Vorsicht ist aber geboten, wenn Kinder mitessen. Denn das Gerücht, dass der Alkohol beim Kochen verdampft, ist leider nur bedingt richtig. Es kommt auf die Temperatur und die Zeit an, wie viel vom Alkohol übrig bleibt. Forscher aus den USA haben getestet, dass bei einem Schmorgericht nach zweieinhalb Stunden noch rund vier Prozent Alkohol enthalten waren, bei kurzer Garzeit jedoch noch 85 Prozent.

SELLERIEFRIKADELLEN
mit Rosmarin und Petersilie

2

Zutaten

- 500 g Rinderhack
- 250 g Knollensellerie
- 3 Schalotten
- 1 unbehandelte Zitrone
- 1 Ei
- 1 Zweig frischer Rosmarin
- 4 Stängel glatte Petersilie
- Butterschmalz
- mittelscharfer Senf
- Salz, Majoran und schwarzer Pfeffer aus der Mühle

Zubereitung

1. Sellerie schälen und mit einer Reibe fein zerkleinern. Schalotten schälen und fein würfeln. Rosmarin waschen, die Blätter von den Stängeln zupfen und mit einem Küchenmesser klein zerhacken. Petersilie waschen, die Blätter von den Stängeln zupfen und ebenfalls kleinhacken. Mit einer feinen Reibe etwa zwei Daumenbreiten von der Zitronenschale abhobeln.

2. Das Hackfleisch mit der Selleriemasse, den kleingehackten Schalotten, dem kleingehackten Rosmarin, der Petersilie und der geriebenen Zitronenschale in eine Schüssel geben und ein Ei darüberschlagen. Einen Esslöffel Senf, zwei gestrichene Teelöffel Salz und einen Teelöffel Majoran sowie schwarzen Pfeffer aus der Mühle dazugeben.

3. Jetzt die Zutaten in der Schüssel sorgfältig mit der Hand zu einer homogenen Masse verkneten. Das darf ruhig 5 Minuten dauern – je ordentlicher vermengt und geknetet wird, desto besser die Frikadellen! Anschließend etwa acht gleichgroße Klopse formen. Diese sollten leicht abgeplattet sein, damit sie gut durchgebraten werden können.

4. 2 Esslöffel Butterschmalz in eine große Pfanne geben und das Fett erhitzen. Die Frikadellen einlegen, kurz auf beiden Seiten scharf anbraten und dann etwa 15 bis 20 Minuten (ein bis zweimal vorsichtig wenden) auf mittlerer/schwacher Hitze fertig braten.

5. Wenn die Frikadellen fertig sind, mit Senf und bayrischem Kartoffelsalat servieren.

Für 4 Personen 45 Minuten

Tipp: Die Frikadellen lassen sich auch sehr gut grillen!

Ein Rezept von

AXEL WALKER AUS BIELEFELD

Der NW-Verlagsleiter kocht gerne. Warum? „Weil ich auch sehr gerne esse, das passt dann gut", sagt der 53-Jährige. Auf die Idee, bei seinen Frikadellen das klassische weiche Brötchen durch Sellerie zu ersetzen, brachte ihn ein Freund. „Das ist wirklich gut, denn der Sellerie macht die Frikadellen auch locker, doch er bringt einen eigenen Geschmack mit rein."

GEBRATENE ENTENBRUST
mit karamellisierten Pflaumen

2

Zutaten

- 4 Entenbrustfilets à 200 g
- 2 Knoblauchzehen
- 1 TL schwarzer Pfeffer
- 2 EL Olivenöl
- 1 EL Butterschmalz
- je 1 Zweig Thymian und Rosmarin
- 1 rote Chilischote
- 30 g Ingwerwurzel
- 10 Pflaumen
- 50 g Butter
- Salz und Pfeffer
- Saft einer Limette
- 2 EL Honig
- 200 g Salat (Feldsalat, Radicchio, Chicorée).

Zubereitung

1. Entenbrüste auf der Hautseite rautenförmig einschneiden, mit schwarzem Pfeffer, Salz und 2 EL Olivenöl einreiben und auf der Hautseite anbraten. Den geschälten und halbierten Knoblauch dazugeben, die Entenbrüste wenden und auch von der anderen Seite kurz anbraten. Die Filets mit den Kräuterzweigen im Backofen auf der mittleren Schiene bei 120 Grad ca. 20 Minuten backen.

2. Chilischote längs halbieren, Kerne entfernen und die Schote in feine Ringe schneiden. Ingwerwurzel schälen und ebenfalls in feine Scheiben schneiden. Pflaumen halbieren und entsteinen. Butterschmalz in einer Pfanne erhitzen und die Pflaumenhälften mit Chili und Ingwer zusammen anbraten. Mit Salz und Pfeffer würzen und mit dem Saft einer Limette beträufeln. Honig hinzufügen und die Pflaumen glasieren.

3. Salat vorbereiten, auf dem Teller anrichten. Darauf die karamellisierten Pflaumen, alles mit Honig beträufeln. Die Entenbrustfilets in Scheiben schneiden und auf dem Salat anrichten.

Für 4 Personen 30 Minuten

Ein Rezept von

RITA RUDOLF AUS PÖDINGHAUSEN

Kochen ist für die 58-Jährige mehr als nur ein Hobby. „Es ist echte Leidenschaft", sagt Rita Rudolf. Und die transportiert sie auch auf die Teller. Etwa bei dieser Entenbrust. „Da kommen so viele verschiedene Geschmäcker zusammen, süß, scharf, fruchtig, solche Kombinationen liebe ich." Das weiß auch Tochter Sina, die zum Geburtstag ein Kochbuch mit den besten Rezepten der Mutter geschenkt bekommen hat.

Tipp: *Statt der Pflaumen können auch Nektarinen verwendet werden.*

Wissen:

PFLAUMEN

Pflaumen sind richtig tolle Früchtchen. Zum einen wegen ihrer vielseitigen Einsatzmöglichkeiten in der Küche. Pflaumen schmecken pur, eingekocht als Gelee, als Geschmacksgeber für Rotkohl oder in Kombination mit Fleisch. Und als wäre das noch nicht genug, sind Pflaumen auch noch richtig gut für die Gesundheit (gleiches gilt auch für Zwetschgen). So enthalten die Früchte nicht nur zahlreiche Vitamine (A, B, C, E und K), sondern auch Zink und Kalzium. Zudem können Pflaumen Bluthochdruck vorbeugen und, das wird zumindest aktuell erforscht, sogar den Alterungsprozess der Körpergefäße verlangsamen. Und damit immer noch nicht genug: Pflaumen wirken auch entspannend auf den Magen.

CURRY-FLEISCH
mit Reis

2

Zutaten

- 5 Schweineschnitzel
- 2 Zwiebeln
- 200 g Möhren
- Salz und Pfeffer
- 1 TL Zucker
- 2 TL Curry
- ¼ Liter Brühe
- 200 g frische oder 1 Dose Champignons (Scheiben oder Köpfe)

Zubereitung

1. Die Schnitzel in schmale Streifen schneiden. Die Zwiebeln in Scheiben schneiden und die Ringe einzeln herausdrücken. Die Möhren putzen und in runde oder ovale (schräg) Scheiben schneiden. Frische Champignons vorher anbraten oder Köpfe aus der Dose vorher vierteln. Die Zwiebeln in einem Topf anrösten, aus dem Topf nehmen.

2. Anschließend im gleichen Topf das Fleisch rundum anbraten, nicht würzen! Anschließend die Zwiebeln wieder dazugeben, die Möhren und die Champignons dazugeben und kurz mitbraten. Salz, Pfeffer, Zucker und Curry in die heiße Brühe einrühren (!) und gleichmäßig über das Fleisch gießen. Auf kleiner Stufe 10–12 Minuten fertiggaren.

Für 4 Personen 25 Minuten

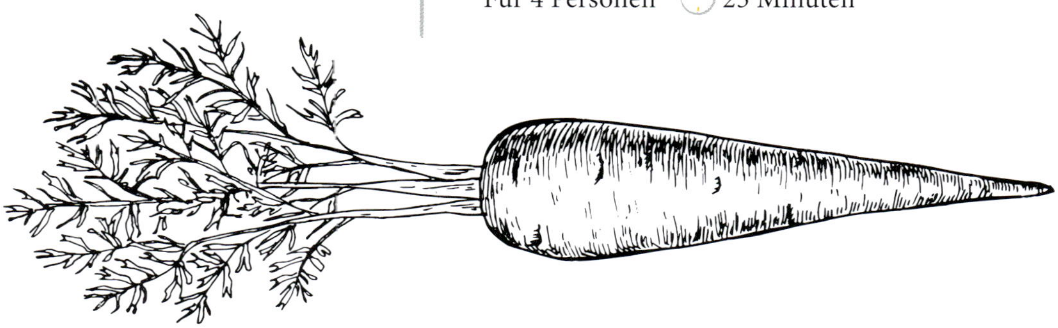

Ein Rezept von

DIETMAR KUSCHEL AUS HÖVELHOF

Kochen ist für Dietmar Kuschel ein guter Ausgleich. Dabei ist der 68-Jährige für alle möglichen Rezeptideen offen. „Da ich dieses Rezept aber schon seit 40 Jahren kenne, fand ich es perfekt für das Kochbuch.“ Kennengelernt hat er es durch seine Mutter. Anders als sie, streut er das Currypulver aber nicht direkt aufs Fleisch, sondern löst es in der Brühe auf. „So schmeckt es noch besser!“

Tipp: Dazu passt ein knackig-frischer Salat.

Wissen:

CHAMPIGNONS

Wussten Sie, dass wir Deutschen pro Kopf im Jahr knappe drei Kilogramm Champigons verputzen? Und dass das richtig gut ist? Denn Champignons sind gesund. Und zwar unabhängig davon, ob sie klein, groß, braun oder weiß sind. Diese Eigenschaften wirken sich nur auf den Geschmack aus. Gemein haben alle Sorten den hohen Anteil an Mineralstoffen, Vitaminen und Eiweiß. Zudem enthalten Champignons das Provitamin D, das im Körper zu Vitamin D umgewandelt wird und gut für die Knochen ist. Da Champignons kaum Kalorien haben, sind sehr gut für Diäten geeignet. Frische Champignons erkennt man übrigens bei einem Blick auf die Unterseite. Sind die Lamellen verschlossen, sind die Pilze noch sehr frisch.

REHSÜLZE
mit Schnittlauchsoße

Zutaten

Rehsülze:
- ca. 400 g Rehfleisch (z. B. Keule)
- Wurzelgemüse (Möhren, Sellerie, Zwiebel, Lauch)
- Gewürzgurken
- 1 EL Senfkörner
- 3 Lorbeerblätter
- 750 ml Brühe
- 22 Gelatineblätter
- Wildgewürz, Salz, Pfeffer, Paprika, Knoblauch, Petersilie

Schnittlauchsoße:
- 150 g Mayonaise
- 6 in Würfel geschnittene Gewürzgurken
- 50 g Schnittlauch
- Knoblauch

Zubereitung

1. Das Fleisch anbraten, Wurzelgemüse dazu sowie die Gewürze, mit der Brühe garkochen (mit dem Dampfdrucktopf dauert das etwa 20 Minuten). Das Fleisch aus dem Sud nehmen, Brühe durchsieben und auffangen.

2. Das Fleisch in kleine Würfel schneiden, in eine Terrinenform geben, 100 g gewürfelte Gewürzgurken, 50 g gehackte Petersilie sowie 200 g gewürfelte Möhren und Sellerie, die in der Brühe abgekocht werden, dazugeben.

3. 22 eingeweichte Gelatineblätter in die heiße Brühe geben (ca. ¾ Liter Brühe). Die Brühe über Fleisch und Gemüse geben und über Nacht kaltstellen.

4. Für die Schnittlauchsoße Mayonnaise mit den gewürfelten Gewürzgurken und dem in Röllchen geschnittenen Schnittlauch vermengen. Mit Salz, Pfeffer und Knoblauch abschmecken.

Für 4 Personen ca. 12 Stunden

Ein Rezept von

UTE KOHLHAGEN AUS BRAKEL

Dass bei Ute Kohlhagen Reh eine Zutat im Rezept ist, ist kein Zufall. „Mein Mann ist Jäger“, sagt die 64-Jährige. Rehfleisch ist daher eigentlich immer zuhause. „Und wir verwerten auch wirklich alles.“ An Ideen mangelt es Ute Kohlhagen nicht, denn Kochen ist eines ihrer größten Hobbys. Freunde dürfen sich bei einem Besuch nicht selten auf ein köstliches Fünf-Gänge-Menü freuen.

Tipp: Dazu passen Bratkartoffeln oder ein pikanter Kartoffelsalat.

Wissen:

LORBEER

Lorbeerblätter gab es in Deutschland lange Zeit nur getrocknet zu kaufen. Immer häufiger ist heute aber auch – wie im Mittelmeerraum üblich – frischer Lorbeer erhältlich. Gut so, denn das herzhafte Kraut verpasst zahlreichen Gerichten einen kräftigen Geschmack. Und nicht nur kulinarisch haben die Blätter, die es bei uns vor allem im Spätsommer und Herbst frisch zu kaufen gibt, etwas zu bieten. Auch für die Gesundheit ist Lorbeer förderlich. So gilt das Kraut als verdauungsfördernd. Außerdem kann Lorbeer auch antibakteriell wirken und etwa als Tee den Appetit anregen. Beim Kochen sind die Blätter einfach zu verwenden. Getrockneten Lorbeer kann man einfach mit in den Topf geben und mitköcheln lassen. Wichtig ist nur, die ledrigen festen und schwerverdaulichen Blätter vor dem Servieren aus dem Topf herauszufischen.

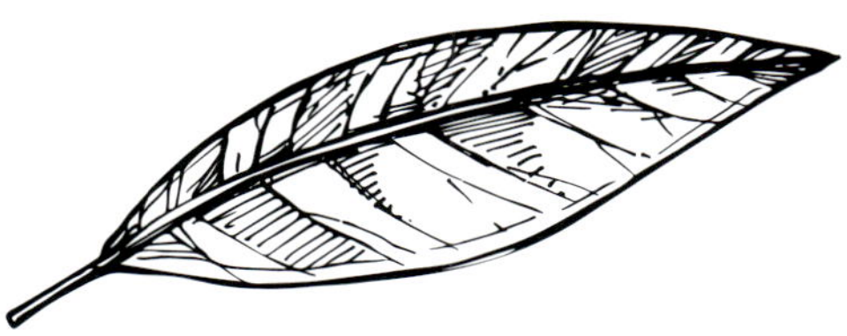

FEURIGE SPAGHETTI
mit Chilischoten

2

Zutaten

- 500 g Spaghetti
- 125 ml Olivenöl
- 1–2 frische rote Chilischoten, alternativ getrocknete Chilischoten kurz waschen, in kleine Würfel schneiden
- 2-4 Knoblauchzehen schälen, in kleine Würfel schneiden
- 200 g Kochschinken in feine Streifen schneiden
- 1 Bund glatte Petersilie, alternativ krause Petersilie, kurz waschen, kleinhacken
- Salz

Zubereitung

1. Spaghetti nach Packungsanweisung in reichlich Salzwasser kochen.

2. Inzwischen das Öl in einer Pfanne erhitzen. Chili und Knoblauch darin kurz anbraten. Anschließend den Kochschinken dazugeben und ebenfalls kurz mitbraten lassen. Petersilie untermischen.

3. Nudeln abgießen und mit den Pfannenzutaten gut mischen.

Für 4 Personen 20 Minuten

Ein Rezept von

MANUELA ALTHAUS AUS BÜREN

Ein Rezept für das Kochbuch auszuwählen ist der 55-Jährigen gar nicht so leicht gefallen. Kein Wunder, denn Manuela Althaus kann auf viele Ideen zurückgreifen, schließlich sammelt sie Kochbücher und Kochzeitschriften. „Dass es dann die feurigen Spaghetti wurden, liegt daran, dass sie mein Lieblingsgericht sind und sie so wunderbar schnell zubereitet sind."

Tipp: Dazu passt ein trockener Rotwein.

Wissen:

CHILI

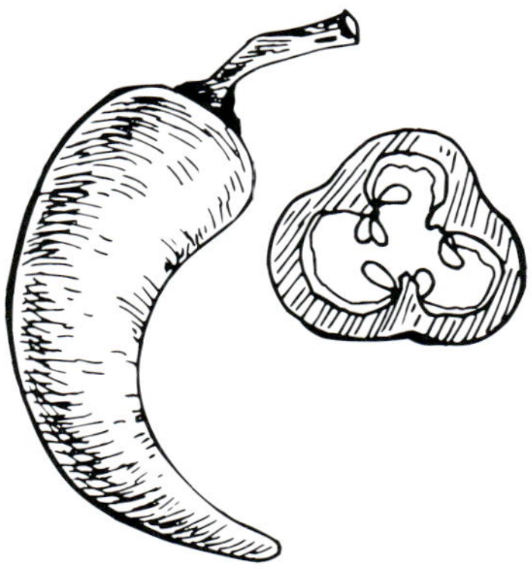

Die scharfen Schoten sind aus der modernen Küche nicht mehr wegzudenken. Gut so, denn Chilis sind viel mehr als nur Scharfmacher. Egal ob als frische Schote, als Pulver oder getrocknet, wer mit Chili würzt, gibt seinem Essen nicht nur einen Kick, sondern tut auch seinem Körper Gutes. Das liegt vor allem an dem in Chilis enthaltenen Capsaicin. Dieser Stoff ist für die Schärfe verantwortlich. Die wiederum hilft, in der richtigen Dosierung, dem Kreislauf, in Schwung zu kommen. Zudem fördert Chili die Durchblutung und reduziert das Thromboserisiko. Allerdings gilt für Chilis das Gleiche wie für für fast alle Lebensmittel: Zu viel ist ungesund. Übermäßig scharfes Essen muss also nicht sein.

SURF & TURF

mit Gemüse-Couscous und Joghurtsoße

2

Zutaten

Couscous
- 60 g Couscous
- 1 Zucchini
- 1 rote Paprika
- 10 Cherry-Tomaten
- 1 Knoblauchzehe
- 60 g Rosinen
- 200 ml Gemüsefond
- ½ Bund Thymian
- 1 EL grob gemahlener Koriander
- 1 EL Currypulver
- Olivenöl zum Anbraten
- Chilipulver, aus der Mühle
- Salz und Pfeffer

Surf & Turf
- 8 dünne Scheiben Rinderfilet (5 mm)
- 8 küchenfertige Garnelen
- 3 EL Kräuterbutter
- Olivenöl zumAnbraten
- Salz und Pfeffer

Joghurt-Knoblauchsoße
- 250 g Joghurt
- 100 g Schmand
- 1 Knoblauchzehe
- 2 EL Olivenöl
- ½ Zitrone
- ½ Bund glatte Petersilie
- ½ TL Salz und 1 Prise Cayennepfeffer

Zubereitung

1. Joghurt-Knoblauchsoße
Knoblauch abziehen und durch eine Knoblauchpresse drücken. Mit dem Olivenöl verrühren, Salz und Cayennepfeffer zugeben und gut mit dem Joghurt und Schmand vermischen. Petersilie abwaschen, trockentupfen und kleinhacken. Zitronenschale abreiben und zusammen mit der Petersilie und etwas Zitronensaft in die Joghurtsoße rühren. Die Soße bis zum Anrichten kühlstellen.

2. Gemüse-Couscous
Knoblauch abziehen, durch eine Knoblauchpresse drücken und in einem Topf mit etwas Olivenöl anschwitzen. Couscous hinzugeben und verrühren. Mit dem Gemüsefond aufgießen und kurz aufkochen lassen. Den Topf von der Herdplatte nehmen und den Couscous aufquellen lassen. Paprika, Zucchini und Tomaten abwaschen, entkernen und sehr klein (0,5 cm) würfeln. Paprika und Zucchini in einer Pfanne mit etwas Olivenöl kurz dünsten. Tomaten zugeben und mit Curry, Koriander, Chili, Salz und Pfeffer würzen. Rosinen kleinhacken. Thymian abwaschen, trockenwedeln und ebenfalls kleinhacken. Den Couscous mit den Rosinen und dem Thymian unter das Gemüse mischen.

4. Surf & Turf
Garnelen mit Salz und Pfeffer würzen. In einer beschichteten Pfanne mit etwas Olivenöl bei mittlerer Hitze 2–3 Minuten anbraten. Die Kräuterbutter zu den Garnelen geben und diese kurz in der schwitzenden Butter schwenken. Die Rinderfiletscheiben in einer heißen Grillpfanne ohne Fett kurz und kräftig anbraten (je Seite ca. 20 Sekunden). Auf ein Holzbrett legen und mit Salz und Pfeffer würzen. Anschließend sofort auf den vorbereiteten warmen Tellern anrichten.

Für 4 Personen 35 Minuten

Tipp: Schmeckt auch mit Hähnchen sehr lecker!

Ein Rezept von

PETRA BASLER AUS HERFORD

Im Sommer dürfen sich Freunde von Petra Basler auf dieses leckere Gericht freuen. Die 55-Jährige genießt besonders, dass sich alles gut vorbereiten lässt. „Das Gemüse kann man am Tag vorher schneiden, dann muss man, wenn die Gäste kommen, nur noch den Couscous aufkochen." Zusammen mit ihrem Mann, der auch in diesem Buch zu finden ist, ist Petra Basler sogar Mitglied in einem Kochclub.

TOMATEN-MOZZARELLA-FRIKADELLEN

Zutaten

Frikadellen
- 600 g Rinderhack
- 1 Zwiebel
- 1 Brötchen vom Vortag (eingeweicht)
- 1 Eigelb
- 1 TL Senf, Salz, Pfeffer
- ca.15 Kirschtomaten
- 2 Packungen Mini-Mozzarella-Kugeln
- geriebener Parmesan
- Basilikumblätter
- Zahnstocher

Soße
- 200 g passierte Tomaten
- 200 g Crème fraîche
- 1 EL italienische Kräuter (tiefgefroren)
- Salz, Pfeffer, Zucker

Zubereitung

1. Das Gehackte mit der kleingeschnittenen Zwiebel, dem Brötchen und dem Eigelb gut vermischen. Mit Senf, Salz und Pfeffer würzen. Dann kleine Frikadellen daraus formen. In Butterschmalz von beiden Seiten anbraten.

2. Die Mozzarella-Kugeln abtropfen lassen und dann dritteln. Tomaten waschen und halbieren. Spieße herstellen: ½ Tomate + ein Stück Mozzarella + eine Frikadelle.

3. Für die Soße den Frikadellenfond mit ca. 100 ml Wasser aufkochen. Dann die passierten Tomaten und die italienischen Kräuter unterrühren. Mit Salz, Pfeffer und Zucker abschmecken. Zum Schluss die Crème fraîche einrühren.

4. Die Soße in eine gebutterte Auflaufform füllen und die Frikadellenspieße hineinsetzen. Geriebenen Parmesankäse darüberstreuen und mit ein paar Basilikumblättern garnieren.

5. Ca. 30 Minuten im Backofen (Heißluft) überbacken.

Für 4 Personen 1 Stunden

Ein Rezept von

RENATE VOGT AUS PADERBORN

„Das Rezept ist eigentlich aus der Not entstanden", sagt Renate Vogt. Als spontan Besuch kam, nutzte die 63-Jährige einfach das, was gerade im Kühlschrank vorhanden war. „Die Frikadellen waren dann so lecker, dass es sie heute regelmäßig gibt." Die Familie ist begeistert. Und auch Renate Vogt freut sich bis heute über ihre Kreation. „Ich mag so praktische Gerichte, die günstig sind und schnell gehen."

Tipp:

Dazu passen Farfalle und Gurkensalat.

Wissen:

MOZZARELLA

Der Name an sich ist schon eine Verniedlichung: Mozzarella heißt eigentlich Mozza, italienisch für Frischkäse. Und weil dieser Käse in kleine runde Kugeln gepresst wurde, wird eben liebevoll mit -rella verkleinert. So klein er aber auch sein mag – es gibt sogar Minikügelchen, so sehr hat er es in sich: Der Fettgehalt beträgt beim Büffelmozzarella mindestens 50 Prozent, bei dem aus Kuhmilch sind es ab 44 Prozent Fett in der Trockenmasse. Aber kein Problem: Mozzarella ist ein typischer Genießerkäse, der ja nicht täglich auf dem Brot landet. Auch geschmacklich unterscheiden sich die Sorten von Kuh und Büffel: Ersterer hat einen milden Eigengeschmack, der sich wunderbar mit Tomaten oder sogar Mango kombinieren lässt. Die Variante aus Büffelmilch schmeckt viel intensiver, säuerlich mit salziger Note. Er ist pur oder zu herzhaft würzigen Gerichten gut.

IRISH STEW
aus dem Dampfdrucktopf

2

Zutaten

- 400 g Hackfleisch
- 4–5 Zwiebeln
- 1 Ei
- 2–3 EL Paniermehl
- Salz, Pfeffer und Paprika
- ½ Kopf Wirsing
- 6 Kartoffeln
- ¼ Liter Wasser
- 1 Brühwürfel

Zubereitung

1. Das Hackfleisch in eine Rührschüssel geben, 1 Zwiebel schälen, würfeln und zusammen mit dem Ei und dem Paniermehl dazugeben. Mit Salz, Pfeffer und Paprika würzen. Aus allen Zutaten einen Teig zubereiten, nochmals abschmecken und kleine Kugeln formen. Auf einen Teller legen und zur Seite stellen.

2. Wirsingblätter einzeln in Streifen schneiden, in eine Schüssel geben, zur Seite stellen. Kartoffeln waschen, schälen, in Würfel schneiden und zur Seite legen. Die restlichen 3 bis 4 Zwiebeln schälen, in Ringe schneiden und ebenfalls zur Seite legen.

3. Das Wasser in einem kleinen Topf zum Kochen bringen und einen Brühwürfel darin auflösen.

4. In einen Dampfdrucktopf schichten:
   1. Lage: ⅓ des Wirsings – diesen salzen und pfeffern
   2. Lage: ½ der Hackbällchen
   3. Lage: ½ der Kartoffeln
   4. Lage: ½ der Zwiebelringe

5. Alles noch einmal wiederholen – letzte Schicht Wirsing.

6. Zum Schluss die Brühe drübergießen.

7. Dampfdrucktopf nach Anweisung schließen und ca. 15 bis 20 Minuten auf mittlerer Stufe garkochen.

8. Nach Anweisung Dampfdrucktopf öffnen und Gericht auf tiefe Teller geben.

Für 4 Personen 35 Minuten

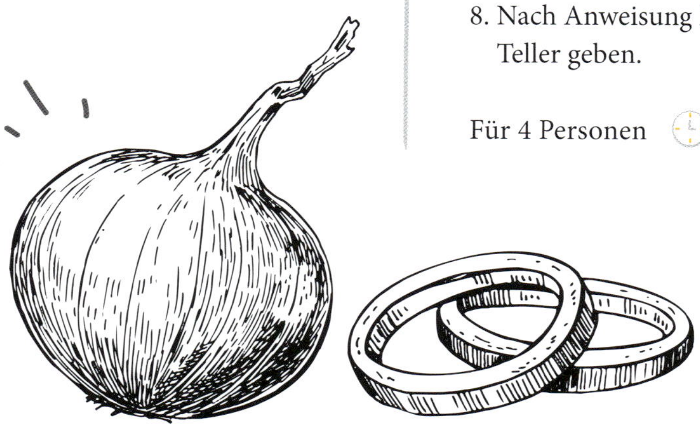

Tipp: Einfach einen Löffel Sauerrahm obendraufgeben.

Ein Rezept von

ULRIKE CASTRUP AUS OERLINGHAUSEN

„Das Irish Stew habe ich vor mehr als 30 Jahren in Irland gegessen", sagt Ulrike Castrup. Zurück in Deutschland, ersetzte sie das Lamm- durch Hackfleisch, „weil Lamm viele nicht so gerne mögen." Als Lehrerin ließ die 67-Jährige im Hauswirtschaftsunterricht ihre Schüler das Stew nachkochen. Mit Erfolg. „Ich höre heute noch von ehemaligen Schülern, dass sie den Eintopf regelmäßig kochen."

CONEJO MALLORQUÍN
mit Petersilie

2

Zutaten

- 4 Kaninchenhinterläufe mit Ober- und Unterschenkel (am besten gleich durchhacken lassen)
- 1,5 Kilo frische Tomaten
- 2 Zwiebeln
- 2–3 Knoblauchzehen
- 2 Lorbeerblätter
- frischer Rosmarin
- glatte Petersilie
- Tomatenmark
- Kapern
- Oliven
- Zimtstange
- eventuell Rosinen
- Chili
- frischer Peffer
- Salz
- 250 ml Rotwein
- 250 ml Geflügelfond
- Olivenöl
- frisches knuspriges Brot

Zubereitung

1. Tomaten heiß überbrühen, Haut abziehen, Fruchtfleisch von den Kernen befreien, kleinschneiden und beiseitestellen.

2. Zwiebeln und Knoblauch schneiden

3. Kaninchenhinterläufe abwaschen, abtrocknen, pfeffern und dann in einem Bräter in Olivenöl anbraten, so dass sie Farbe annehmen. Hinterläufe entnehmen, salzen, warmhalten.

4. Zwiebeln im Brattopf anschmoren, mit Tomatenmark verrühren und leicht braun werden lassen. Hälfte des Rotweins angießen und eindicken lassen. Das andere Achtel angießen und auch eindicken lassen.

5. Das Fruchtfleisch der Tomaten zu den Zwiebeln hinzugeben. Ordentlich verrühren. Etwas vom Geflügelfond hinzugeben. Lorbeer-Blatt, Kapern, Oliven und Rosmarin (letzteren in einem Säckchen) hinzugeben. Wer es mag, kann auch Rosinen hinzugeben. Kaninchen-Hinterläufe hineinlegen. Erhitzen, so dass es leicht köchelt. Deckel drauf und ab in den Ofen und bei etwa 150 Grad Ober-/Unterhitze in der Mitte des Ofens mit Deckel drauf ca. 45 bis 60 Min. schmoren lassen.

6. Fleisch aus der Soße heben, warmhalten. Tomatensoße mit Salz, Pfeffer, Chili und Zimt abschmecken. Fleisch wieder einlegen. Ein wenig ziehen lassen.

7. Auf vorgewärmten Tellern das Fleisch mit der Soße servieren. Mit Blättern glatter Petersilie am Stiel garnieren.

Für 4 Personen 1 Stunde 30 Minuten

Tipp: Dazu knuspriges Brot und einen leichten Rotwein reichen.

Ein Rezept von

STEFAN BRAMS AUS BIELEFELD

Stefan Brams, 54 Jahre alt, ist Leiter der Kultur- und Medienredaktion der Neuen Westfälischen. Der gebürtige Wilhelmshavener lebt seit 1983 in Bielefeld. Kochen gelernt hat er sowohl von seiner Mutter als auch von seinem Vater. Er liebt die Küche des Mittelmeerraumes, insbesondere Italiens, ebenso wie die heimische als auch die bayerische Küche. Motto beim Kochen: Aufs Gefühl kommt es an.

CURRYHUHN
mit Äpfeln und Erdnüssen

2

Zutaten

- 1 Poularde
- ½ Bund Suppengrün
- 3 Äpfel
- 100 g Erdnüsse
- 1 EL Butter
- 1½ EL Currypulver
- 1½ EL Mehl
- Pfeffer, Salz
- ggf. mehr Curry

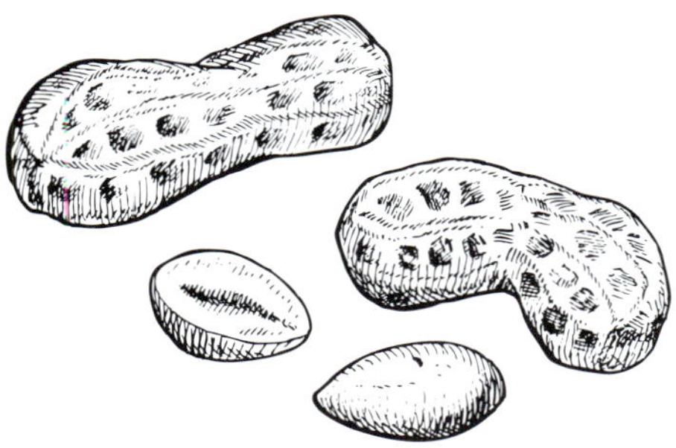

Zubereitung

1. Suppengrün putzen. Poularde mit ca. ½ Liter Wasser in einem passend großen Topf zum Kochen bringen und abschäumen. Suppengrün, Salz, Pfeffer und ggf. ½ TL Curry zufügen und in etwa 60 Minuten garkochen. In der Zwischenzeit die Erdnüsse in einer Mandelmühle mahlen (man kann stattdessen auch 3 Esslöffel Erdnussbutter nehmen). Die Äpfel schälen und in Spalten schneiden. In Wasser mit etwas Essig oder Zitronensaft aufheben.

2. Die gegarte Poularde aus dem Kochsud nehmen und entbeinen und die Haut entfernen. Das Fleisch beiseitestellen. Den Kochsud durchsieben, einen halben Liter abmessen. Die Butter mit dem Currypulver und dem Mehl verkneten.

3. Den Kochsud zum Kochen bringen, die Mehl-Curry-Butter einrühren und aufkochen lassen. Die gemahlenen Erdnüsse zufügen und aufkochen lassen. Das Poulardenfleisch und die Apfelspalten zufügen und aufkochen lassen. Kräftig mit Salz, Pfeffer und Currypulver abschmecken. Falls es zu wenig Soße ist, mit restlichem Kochsud auffüllen.

Für 4 Personen 1½ Stunden

Ein Rezept von

BARBARA SCHNEIDER AUS BIELEFELD

Seit mehr als 40 Jahren kennt Barbara Schneider ihr Rezept für das Curryhuhn schon, damals war die asiatische Küche hierzulande noch kaum verbreitet. „Meine Kochleidenschaft wurde schon als Kind geweckt", sagt die 71-Jährige. Beim Stöbern in einem Kochbuch fiel ihr das Rezept in die Hände. „Da war es passiert." Seitdem bringt die leidenschaftliche Köchin ihr Rezept regelmäßig auf den Tisch.

Tipp: Dazu passen Reis und grüner Salat.

Wissen:

CURRY

Wer glaubt, bei Curry handele es sich nur um das gelbe Pulver, das wir hierzulande über den Ketchup der Currywurst streuen, irrt gewaltig. Denn Curry ist in Indien eigentlich die Bezeichnung für eine Art von Gericht. Die Gewürzmischung, die wir Curry nennen, heißt dort „Masala" und wird meistens je nach Geschmack im Haushalt selbst aus bis zu 30 Gewürzen zubereitet. Darum lässt sich auch schwerlich etwas über die Gesundheitswirkung sagen, da die natürlich davon abhängig ist, welches Gewürz wie stark im Curry vorkommt. Grundsätzlich darf man aber mit gutem Gewissen zugreifen, denn Curry, auch das hiesige Pulver, wirkt sich in jedem Fall sehr positiv auf den Körper aus. Die Gewürze beruhigen den Magen, fördern die Durchblutung und sind gut für Leber und Galle. In vielen Supermärkten gibt es auch fertige Currypasten – experimentieren lohnt sich.

LAMMKEULE
in Tomaten

2

Zutaten

- 1 Lammkeule, ca. 1–1½ kg
- ½ Tasse Olivenöl
- 1 Tasse trockener Sherry
- 2 Knoblauchzehen
- 1 EL Rosmarin, gehackt
- 1 Dose Tomaten
- 1/3 Tube Tomatenmark
- Salz und Pfeffer

Zubereitung

1. An der Lammkeule die Sehnen und die dicken Fettpolster abschneiden. Der Knochen kann bleiben. Wenn man ihn entfernt, muss die Keule zusammengebunden werden und die Garzeit ist etwas kürzer. Die Keule salzen und pfeffern und in einem Bräter mit Olivenöl von allen Seiten goldgelb anbraten.

2. Währenddessen den Knoblauch und den Rosmarin hacken und zur Keule geben. Der Knoblauch sollte nicht dunkel werden. Anschließend mit dem Sherry ablöschen und die Keule öfter darin wenden. Nach 2 bis 3 Minuten das Tomatenmark zufügen und kurz danach die Dose Tomaten mit dem Saft.

3. Jetzt den Deckel auf den Bräter und im Ofen bei ca. 180 Grad etwa 1,5 Stunden garen. Man kann aber auch auf der Herdplatte weitergaren. Eventuell nach ca. der Hälfte der Garzeit den Deckel abnehmen.

Beilagentipp vom Koch: Kartoffelspalten in eine feuerfeste Form geben, salzen, pfeffern, 2 Zweige Rosmarin dazu, mit Olivenöl beträufeln und mit der Keule im Ofen garen, ca. 30 Minuten bevor Garende.

Für 4 Personen ca. 2 Stunden

Ein Rezept von

RÜDIGER MICHL AUS RAHDEN

Der 66-Jährige kauft sein Lammfleisch ausschließlich von Züchtern aus der Region. „Das Angebot ist wirklich gut“, sagt der Rahdener. Die Idee zu dem Rezept war ein wenig aus der Not geboren. „Wir hatten von einem Bekannten, der Schafe züchtete, Lamm gekauft, dafür mussten wir dann eine Zubereitungsart finden.“ Die Suche glückte, bis heute ist die Lammkeule bei Familie Michl beliebt.

Tipp: Dazu passen auch schlichte Salzkartoffeln und ein grüner Salat.

Wissen:

TOMATE

Sie ist ein echtes Allroundtalent in der Küche. Und das Lieblingsgemüse der Deutschen. Mehr als 26 Kilogramm Tomaten verputzt jeder von uns durchschnittlich im Jahr. Egal ob frisch, als Ketchup oder als leckere Nudelsoße. Und das ist gut so, denn die roten Früchte sind nicht nur in vielen Rezepten einsetzbar, sie sind auch sehr gesund. Tomaten sind reich an Ballaststoffen, Vitaminen, Folsäure, Kalium und Magnesium. Zudem wirkt der Farbstoff Lycopin, der die Tomaten so schön rot macht, antioxidantisch. Das bedeutet, dass Tomaten helfen, Herz-Kreislauf-Erkrankungen vorzubeugen und das Krebsrisiko zu minimieren. Außerdem regen Tomaten die Verdauung an.

HÜHNERRAGOUT

mit Flusskrebsen in Proseccosoße

Zutaten

Für die Soße

- 1 EL Puderzucker
- 150 ml Prosecco, trocken
- 100 ml Sahne
- 350 ml Geflügelbrühe
- ½ Döschen Safran
- 2 TL Speisestärke
- 1 Scheibchen Knoblauch als Geschmacksträger
- 1 EL Butter, kalt
- etwas Kurkuma, Chiliflocken, Salz

Für das Gemüse

- 1 Bund Spargel grün
- 1 Bund Minikarotten
- 200 g Champignons, frisch
- Salz

Für das Hühnerragout

- 4 Hähnchenbrustfilets
- 1 EL Butter

Weiterhin zur Fertigstellung des Gerichtes

- ½ Orange, unbehandelt
- ½ Zitrone, unbehandelt
- 1 Knoblauchzehe
- 4 EL Gemüsebrühe
- 2 Scheiben Ingwer, gerieben
- 200 g Flusskrebsfleisch
- 1 EL Butter
- Chiliflocken, Salz

Zubereitung

1. Soße
   In einem Topf bei mittlerer Temperatur den Puderzucker karamellisieren, mit Prosecco ablöschen und auf ein Drittel einköcheln lassen. Mit der Brühe auffüllen und etwa zwei Minuten köcheln lassen. Den Safran zugeben, den Topf vom Herd nehmen und fünf Minuten ziehen lassen, damit sich die Farbe voll entwickeln kann. Dann die Sahne in die Soße geben und einmal aufkochen lassen. Die Speisestärke in wenig Wasser anrühren und nach und nach in die köchelnde Soße geben, bis diese leicht sämig ist. Die Knoblauchscheibe und die Butter zufügen und alles aufmixen, mit Salz, Chiliflocken und einer Prise Kurkuma würzen.

2. Gemüse
   Den Spargel im unteren Drittel schälen, das holzige Ende abschneiden und den Spargel schräg in 3 cm lange Stücke schneiden. Die Karotten schälen, die Champignons säubern und ganz lassen – sofern sie sehr klein sind –-, ansonsten die Pilze halbieren oder vierteln. Den Spargel und die Karotten in kochendem Salzwasser bissfest garen, abschrecken und abtropfen lassen. Die Champignons mit wenig Butter in einer Pfanne etwa acht Minuten leicht braten, dann ebenfalls wieder herausnehmen und beiseitestellen.

3. Hähnchenragout
   Die Hähnchenbrustfilets in etwa 2 cm große Stücke schneiden und in einer großen Pfanne bei mittlerer Hitze rundherum einige Minuten anbraten. Die Pfanne vom Herd nehmen und das Fleisch in der Nachhitze der Pfanne saftig durchziehen lassen. Dann in die Safran-Soße geben, erwärmen, aber nicht mehr kochen lassen.

4. Fertigstellung
   Jeweils etwas von der Orange und der Zitronenschale abreiben und in die Soße geben, Saft einer halben Orange zufügen und leicht verrühren. Den fein geriebenen Ingwer dazugeben. Nun noch die Champignons und die Karotten sowie die Flusskrebse begeben, leicht erwärmen, aber nicht mehr kochen. Dann alles auf vorgewärmten Tellern anrichten und mit dem grünen Spargel dekorieren.

Für 4 Personen 45 Minuten

Tipp: Dazu passt Reis jeglicher Art oder ein herzhaftes Risotto.

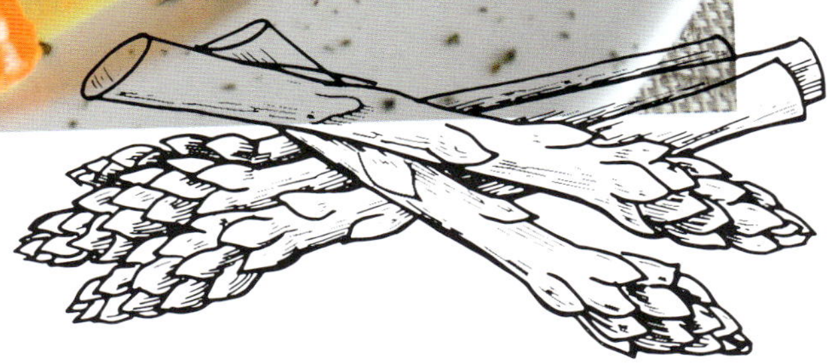

Ein Rezept von

ROSI WOLFF AUS BAD DRIBURG

Außergewöhnliches zu probieren ist für Rosi Wolff eine echte Leidenschaft geworden. „Ich habe ein gutes Händchen für Soßen, darum habe ich diese mal ausprobiert. Und sie war so lecker, dass ich sie immer wieder gerne esse", sagt die 64-Jährige, die noch deutlich ausgefallenere Rezepte in Petto hat. „Zum Beispiel Tintenfisch gefüllt mit Blutwurst, klingt komisch, aber schmeckt toll!"

MAJORANFLEISCH
von Großmütterchen

Zutaten

- 800–1000 g Schweinebacken ohne Knochen
- 3 EL Schweineschmalz
- 5 Zwiebeln
- 5 Gewürzgurken
- 4 EL Tomatenmark
- 500 ml heiße Fleischbrühe
- 2 Bund Majoran (frisch)
- Salz und Pfeffer
- 250 ml Sahne
- 200 g saure Sahne
- 1 Bund Schnittlauch

Zubereitung

1. Schweinebacken in dünne Streifen schneiden und portionsweise in Schweineschmalz anbraten. Zwiebeln schälen, würfeln und mitbraten. Die Gewürzgurken würfeln und hinzufügen. Das Tomatenmark und die heiße Fleischbrühe zugeben. Die Blätter vom Majoran abzupfen, kleinhacken und dazugeben. Mit Salz und Pfeffer gut würzen und zugedeckt 70 bis 90 Minuten bei schwacher Hitze schmoren lassen. Dann den Topf vom Herd nehmen und die Sahne und saure Sahne einrühren und das Ganze nochmal erhitzen, aber nicht kochen lassen.

2. Den Schnittlauch vor dem Servieren kleinschneiden und über das Gericht streuen.

3. Dazu passen Bandnudeln oder Salzkartoffeln.

Für 4 Personen 1 Stunde 45 Minuten

Ein Rezept von

DIETMAR ZENTNER AUS BÜNDE

Warum sein Rezept so lecker ist? Für Dietmar Zentner gibt es da zwei Gründe. Zum einen, weil das Fleisch wunderbar zart wird und fast von der Gabel fällt. „Und dann vor allem wegen des vielen frischen Majorans“, sagt der 68-jährige Kräuterliebhaber. „Wir haben zwar nur einen kleinen Balkon, aber Petersilie, Schnittlauch und andere Kräuter sind da immer zu finden!“

Tipp: Rote Bete oder Bohnensalat sind perfekte Beilagen!

Wissen:

MAJORAN

Majoran stammt ursprünglich eher aus dem Süden, ist aber auch hierzulande schon seit Jahrhunderten bekannt. Geschmacklich ist es dem Oregano ähnlich. Früher wurde Majoran als „Wurstkraut“ bezeichnet, da er tatsächlich als Zutat in verschiedenen Wurstsorten verarbeitet wird. Vegetarier sollten jetzt aber nicht aufhören zu lesen, denn Majoran passt zwar in der Tat sehr gut zu verschiedenen Fleischsorten, aber auch zu vielen anderen Gerichten. Und es wäre wirklich fatal, auf das Kraut zu verzichten, denn es ist extrem gesund. Majoran wirkt zum Beispiel beruhigend, nicht nur auf den Magen, sondern auf den ganzen Körper. In der Naturheilkunde kommt Majoran gegen Bronchitis, Erkältung, Appetitlosigkeit und sogar Rheuma zum Einsatz. Zudem ist Majoran der ideale Begleiter von schweren und fetten Gerichten, da er sie für den Magen leichter verdaulich macht.

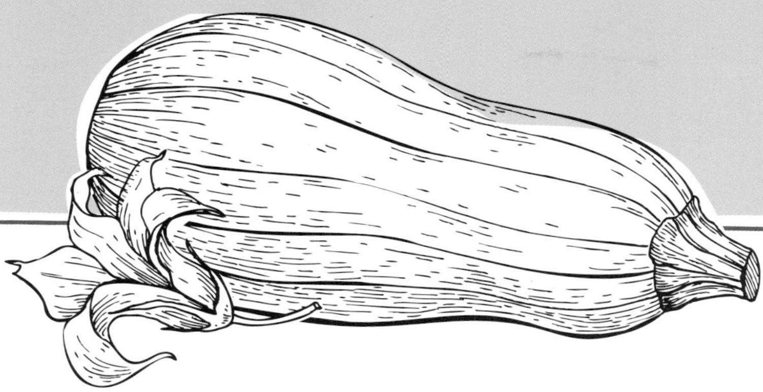

VEGETARISCH

Gemüse ist langweilig? Von wegen!
Diese Rezepte zeigen, dass es auch
mal ohne Fleisch schmeckt.

3

3 X Z

Zucchini mit Zitrone und Ziegenkäse

3

Zutaten

- 1 Zucchini
- 1 Zitrone
- 1 Ziegenfrischkäse (mild)
- Nudeln (je nach Geschmack)
- 2 Zweige Rosmarin und Zitronen-Thymian
- Zitronenöl
- Zitronenpfeffer, Salz

Zubereitung

1. Nudeln in Salzwasser mit etwas Zitronenöl kochen, etwa 8 bis 12 Minuten.

2. Öl in einer Pfanne heiß werden lassen (nicht überhitzen), Rosmarin- und Thymianzweige anrösten und danach in kurze Stifte geschnittene Zucchini (mit Schale) dazugeben und kurz durchdünsten (mittlere Temperatur) – sie sollten leichten Biss haben. Mit Zitronensaft ablöschen (je nach Säurewunsch), mit Zitronenresten, Pfeffer und Salz würzen.

3. In die Mitte eines tiefen Tellers je nach Mengenbedarf den Ziegenkäse legen, die in Butter geschwenkten Nudeln und aus der Pfanne die heißen Zucchini darübergeben (vorher die Gewürzzweige herausnehmen). Mit frisch gezupften Thymianblättchen dekorieren.

Tipp: Kann als Vor- oder Hauptspeise mit einem gut gekühlten Grauburgunder serviert werden.

Für 1 Person ca. 30 Minuten

Ein Rezept von

REGINA KOPP AUS BIELEFELD

Die aktive Rentnerin liebt es, wenn sie nicht gerade Fahrrad fährt, Yogaübungen macht oder läuft, in der Küche zu stehen und zu kochen. „Besonders gerne mag ich Gerichte, die schnell gemacht und gesund sind und die frisch schmecken.“ Da die 70-Jährige Massentierhaltung ablehnt, ernährt sie sich fast ausschließlich vegan und vegetarisch.

Tipp: Möglichst alles aus dem Bioladen.

Wissen:

ZUCCHINI

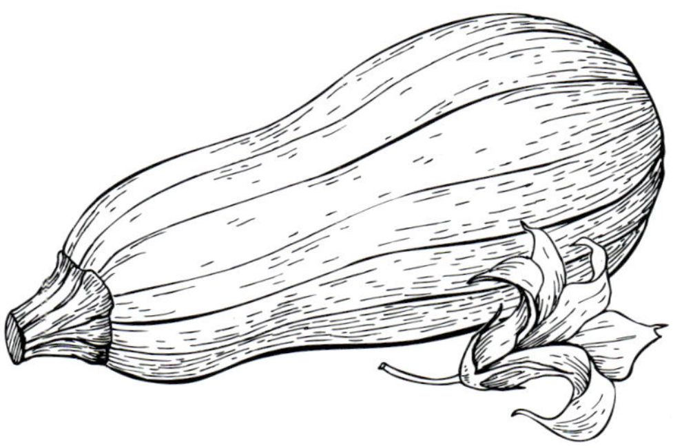

Wussten Sie, dass Zucchini eine Unterart des Gartenkürbisses sind? Das grüne längliche Gemüse hielt vor gut 20 Jahren als mediterranes Schmankerl Einzug in unsere Küchen. Mittlerweile dient es nicht mehr nur als Beilage, sondern landet sogar als Hauptgericht zum Beispiel in Form von gefüllten Zucchini oder Zuccchinispaghetti auf dem Teller. Sie sind lecker, gesund und brauchen für guten Geschmack nicht viel Würze – das leicht nussige Aroma steht für sich. Wenn sie allerdings ungewöhnlich bitter schmecken, dürfen sie nicht gegessen werden, warnt das Bundesinstitut für Risikobewertung. Sonst aber gilt: Sie sind lecker, gesund und Schlankmacher mit nur wenigen Kalorien, dafür aber viel Wasser.

GEMÜSE-BULGUR-PFANNE

mit Feta

3

Zutaten

- 200 g Bulgur
- 300 ml Gemüsebrühe
- 1 Knoblauchzehe
- 1 Zwiebel
- 1 gelbe und 1 rote Paprikaschote
- 1 Aubergine
- 1 Zucchini
- 100–150 g Feta
- Salz, Pfeffer, Paprikapulver
- 1 EL Tomatenmark
- Schnittlauch nach Belieben
- Öl zum Anbraten

Zubereitung

1. Bulgur in der Gemüsebrühe aufkochen, Kochplatte abstellen und 15 Minuten im geschlossenen Topf garen lassen.

2. Das Gemüse würfeln. Zwiebeln und Knoblauch in Öl in einer Pfanne anbraten und das gewürfelte Gemüse dazugeben und 10 bis 15 Minuten anbraten. Bulgur dazu geben. Die Flüssigkeit vom Bulgur sollte ganz aufgesogen sein.

3. Mit wenig Salz, Pfeffer, Paprika und Tomatenmark abschmecken.

4. Feta und Schnittlauch zum Schluss über das Gericht geben.

Für 4 Personen 40 Minuten

Ein Rezept von

SABINE REDEKER AUS SCHLOß HOLTE-STUKENBROCK

Zwar kocht die 62-Jährige gerne nach Rezept, doch genauso gerne wandelt sie diese nach ihrem Geschmack um. „So war das auch bei diesem hier." Dass sie es überhaupt ausprobiert hat, liegt daran, dass Sabine Redeker seit einigen Jahren besonders gerne vegetarisch kocht. „Da passt die Bulgurpfanne mit dem vielen Gemüse perfekt. Und sie ist auch noch so schön schnell gemacht."

Tipp: *Feta lässt sich gut mit der Hand zerbröseln.*

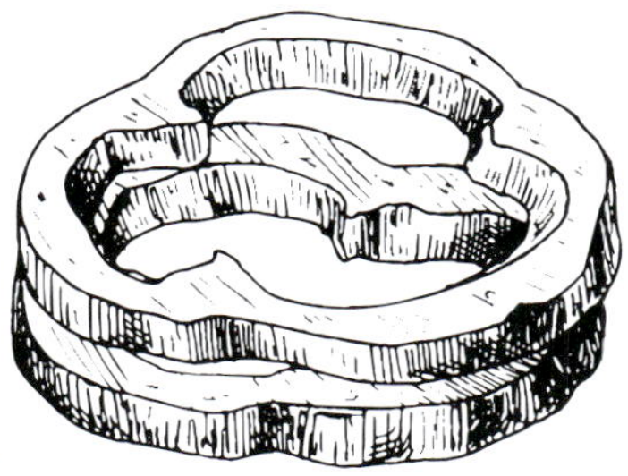

Wissen:

BULGUR

In großen Teilen des Orients gehört Bulgur zu den absoluten Hauptnahrungsmitteln. Da für die Herstellung Weizenkörner in Gänze zu Weizengrieß geschrotet werden, ist der Bulgur sehr nährstoffreich. Der Grieß enthält viel Eiweiß und unter anderem verschiedene B-Vitamine, Vitamin E und die Mineralstoffe Kalzium, Magnesium und Phosphor. Außerdem ist er sehr reich an Ballaststoffen, was dazu führt, dass er lange satt macht – länger sogar als Kartoffeln, Reis oder Nudeln. Darum ist er mit seiner leicht nussigen Note eine interessante Alternative dazu. Er schmeckt gekocht, gedämpft oder sogar kalt, ist also ein echtes Küchenwunder. Einzig für Menschen mit Zöliakie ist er nicht geeignet, da er wie alle Weizenprodukte Gluten enthält. Bulgur sollte trocken, dunkel und relativ kühl gelagert werden – am besten in gut verschließbaren, lichtundurchlässigen Dosen.

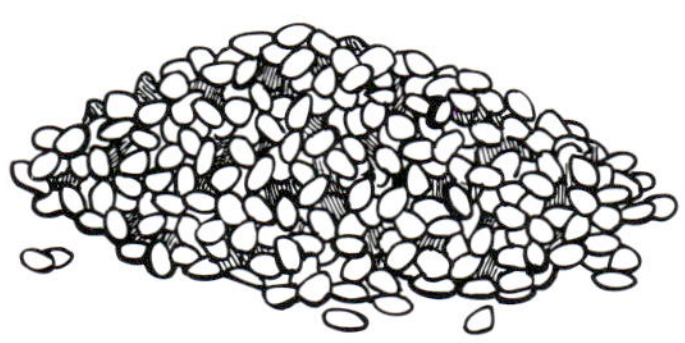

SPARGEL-GRATIN

mit getrockneten Tomaten

Zutaten

- 1½ kg weißer Spargel
- 1 Prise Zucker, Salz
- 50 g Butter
- 100 g getrocknete Tomaten in Öl
- 1 Bund Petersilie
- 1 Bund Frühlingszwiebeln
- 50 g frisch geriebener Gouda
- 50 g frisch geriebener Greyerzer
- 30 g Kerbel

Zubereitung

1. Spargel waschen, schälen und Enden abschneiden. In Wasser mit Salz, Zucker und 1 TL Butter je nach Dicke 15 bis 18 Minuten bissfest kochen. Inzwischen den Backofen auf 225 Grad vorheizen. Eine flache, ofenfeste Form mit etwas Butter einfetten. Tomaten abtropfen lassen, das Öl dabei auffangen, und in feine Streifen schneiden. Petersilie waschen, feinhacken. Frühlingszwiebeln waschen, putzen und in feine Scheiben schneiden.

2. Aufgefangenes Öl und restliche Butter erhitzen, Frühlingszwiebeln darin andünsten. Spargel aus dem Sud heben. ½ Tasse Sud in die Form gießen. Spargel, Frühlingszwiebeln, Tomaten und Petersilie darin verteilen.

3. Beide Käsesorten mischen, gleichmäßig über das Gemüse streuen. Im vorgeheizten Backofen auf mittlerer Schiene 5 bis 8 Minuten goldbraun überbacken.

3. Kerbel waschen, trockentupfen und vor dem Servieren über das Spargel-Gratin streuen.

Für 4 Personen 60 Minuten

Tipp: Dazu passen Pellkartoffeln.

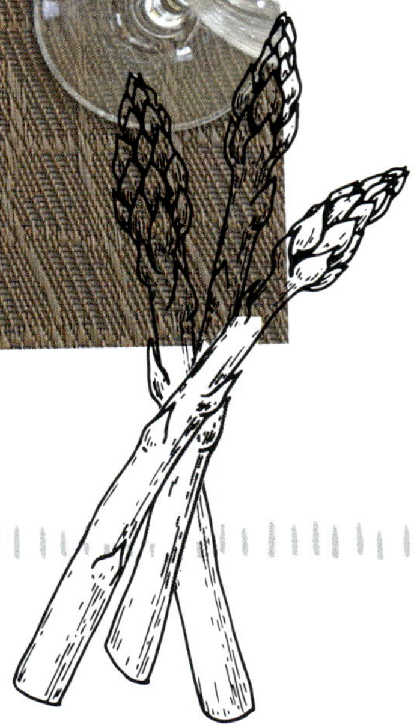

Ein Rezept von

MONIKA HÖVERMANN AUS SCHLOẞ HOLTE-STUKENBROCK

Für die 63-Jährige darf es auf dem Teller gerne abwechslungsreich zugehen. „Darum hat mich dieses Rezept so überzeugt, es ist einfach schön, Spargel mal ohne weiße Soße zu essen, die getrockneten Tomaten geben einen ganz neuen Geschmack", sagt die leidenschaftliche Hobbyköchin. Ihre Erfahrungen bestätigten ihren Geschmack. „Bis jetzt mochte jeder den Gratin sehr gerne."

SPAGHETTI-PARTY-SALAT

mit Tomaten und Kapern

3

Zutaten

- 750 g Tomaten
- 2 Zwiebeln
- 1 Bund Petersilie
- 24 Oliven
- 1 Röhrchen Kapern und etwas Saft davon
- Oregano, Salz, Pfeffer
- 2 Knoblauchzehen
- 1 EL Essigessenz
- 1 Prise Zucker
- 15 EL Olivenöl
- 500 g Spaghetti

Zubereitung

1. Die Tomaten brühen, abziehen und würfeln, Zwiebeln und Petersilie kleinschneiden. Oliven und Kapern in Scheiben schneiden und alles zusammenschütten. Dann noch den Kapernsaft, Oregano, Salz, Pfeffer, den geriebenen Knoblauch, etwas Zucker, die Essigessenz und das Olivenöl hinzufügen.

2. Aus allen Zutaten, bis auf die Spaghetti, eine Soße herstellen. 24 Stunden im Kühlschrank durchziehen lassen. Dann nur noch die al dente gekochten Spaghetti dazu und nochmal abkühlen lassen.

Für 4 Personen 30 Minuten

Ein Rezept von

ADELHEID VENNE AUS VERL

Wer bei Adelheid Venne zu Gast ist, darf sich stets auf ein leckeres Essen freuen, denn die 57-Jährige kocht mit Freude Hingabe. „Besonders für Gäste", sagt die Verlerin. An Ihrem Nudelsalat schätzt sie gleich mehrere Dinge. „Es ist schön, dass er sich so leicht vorbereiten lässt. Und dass der Salat ganz ohne Mayo auskommt und deshalb so schön leicht ist." Zudem gibt die Petersilie einen schönen frischen Geschmack ab.

Tipp: Wer mag, kann etwas Parmesan über den Salat geben.

Wissen:

KAPERN

Wir kennen sie in erster Linie von den Königsberger Klopsen – oder als Pizzabelag. Dabei haben Kapern weit mehr zu bieten, als in Soße zu dümpeln oder zwischen Salamischeiben zu liegen. Die alten Ägypter, Griechen und Römer setzten die Samen und Wurzeln, Rinde, Blätter, Blüten und Früchte gegen diverse Zipperlein und größere Leiden ein: Zahnschmerz, Rheuma, Arthritis, Leber- und Milzerkrankungen oder Hämorrhoiden. Außerdem waren sie ein Aphrodisiakum. Die bei uns bekannten Kapernäpfel sind meist in Essig eingelegt und stecken voller Vitamine und Mineralstoffe. Um den Bedarf zu decken, müsste man zwar mehrere Kilo essen – trotzdem hat die kleine Frucht es in sich: 50 Gramm enthalten etwa 365 mg Calcium, was 36 Prozent des Tagesbedarfs entspricht, 550 mg Kalium (25 Prozent) und 130 mg Magnesium (40 Prozent).

TARTE
mit gegrilltem Gemüse

3

Zutaten

Teig:
- 100 g Butter
- 150 g Joghurt
- 250 g Mehl
- Salz, Kräuter nach Belieben

Belag:
- 1 große Zwiebel
- ½ Knoblauchzehe
- 1 Zucchini
- 1 Handvoll braune Champignons
- 1 rote Paprika
- 1 Aubergine
- 1 Handvoll Kirschtomaten
- frische italienische Kräuter
- Salz
- etwas Olivenöl

Guss (Soße):
- 3 Eier
- 150 g geriebener Käse
- 150 g Crème fraîche
- Salz und Pfeffer

Zubereitung

1. Eine Tarteform (30 cm Durchmesser) einfetten und kaltstellen. Aus den angegebenen Zutaten einen Mürbeteig herstellen, leicht salzen, nach Geschmack frische Kräuter dazu und nur kurz kneten. Dann 30 Minuten im Kühlschrank ruhen lassen. Die Tarteform mit dem Teig auskleiden und wieder kaltstellen.

2. Nun die Zwiebel und den Knoblauch schälen und feinhacken, das restliche Gemüse würfeln, die Champignons vierteln. Öl in einer Pfanne erhitzen und die Zwiebel und den Knoblauch andünsten. Anschließend die Gemüsewürfel und die Champignons in der heißen Pfanne 5 Minuten anbraten – es dürfen ruhig Röstaromen entstehen. Anschließend die Tomaten halbieren und kurz mitrösten. Alles kräftig mit Salz, Pfeffer und frischen italienischen Kräutern abschmecken.

3. Den Ofen inzwischen auf 200 Grad Ober-/Unterhitze vorheizen.

4. Für den Guss die Eier verquirlen, dann den Käse und Crème fraîche einrühren. Mit Salz und Pfeffer abschmecken.

5. Die Tarteform mit dem Teig ca. 10 Minuten vorbacken, dann die Gemüsemischung auf dem Teig verteilen und den Guss darüber gießen. Alles ca. 25 bis 30 Minuten backen.

Für 4 Personen 90 Minuten

Tipp: Die Kräuter erst ganz am Ende unter das Gemüse rühren.

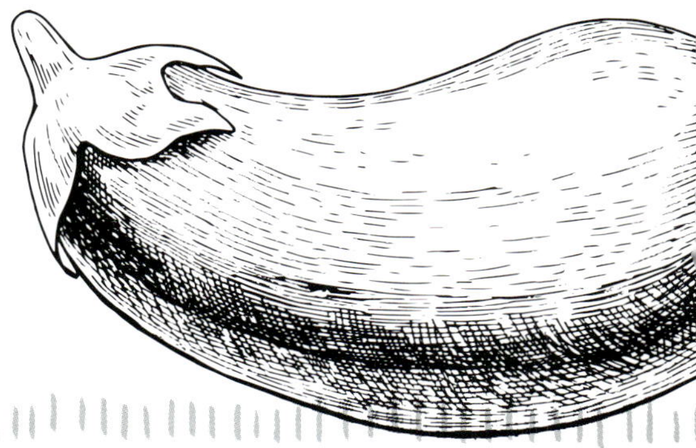

Ein Rezept von

JULIANE WIESBROCK AUS PADERBORN

Schon seit Teenagertagen kocht Juliane Wiesbrock gerne. „Erst habe ich viel von meiner Mutter gelernt, dann habe ich mir selber weitere Sachen beigebracht." Dabei achtet die 37-Jährige nicht nur darauf, wie sie etwas kocht, sondern auch was auf den Teller kommt. „Ich finde, wir essen zu viel Fleisch, deshalb lege ich mindestens einen vegetarischen Tag in der Woche ein. Gerne esse ich da diese Tarte!"

PAPAS À LA HUANCAÍNA

Ein Klassiker aus Peru

3

Zutaten

- 1/2 TL getrocknete, zerriebene Chillies
- 1 TL Salz
- frisch gemahlener schwarzer Pfeffer
- 1 gr. Zwiebel, geschält, in dünne Ringe geschnitten
- 1 kg gekochte, geschälte Kartoffeln (vorwiegend festkochend)

Soße:

- 200 g Frischkäse
- 100 g süße Sahne
- 1–1,5 TL Kurkuma (Gelbwurz)
- 1/2 TL Salz
- 1/2 rote Paprikaschote
- 50 ml Olivenöl
- 4 hartgekochte Eier, der Länge nach halbiert
- 8 schwarze Oliven
- 1 frische Pfefferschote, entkernt u. in dünne Streifen geschnitten Kopfsalatblätter

Zubereitung

1. Den Zitronensaft, die zerriebenen Chilis, einen halben Teelöffel Salz und einige Prisen schwarzen Pfeffer in einer Schüssel verrühren. Die Zwiebelringe dazugeben, in der Soße wälzen und zugedeckt stehen lassen. Die Kartoffeln kochen.

2. Währenddessen wird die Soße zubereitet: Frischkäse, Sahne, Kurkuma, zerhackte Paprikaschote, einen halben Teelöffel Salz und einige Prisen Pfeffer pürieren, bis eine sahnige Konsistenz erreicht ist. Das Olivenöl in einer Pfanne mit hohem Rand mäßig erhitzen. Die Soße in die Pfanne gießen und bei schwacher Hitze unter ständigem Rühren 6 bis 8 Minuten kochen, bis sie dickflüssig ist.

3. Zum Servieren die Kartoffeln halbieren und auf eine Platte legen. Mit der Soße übergießen. Die Zwiebelringe im Sieb abtropfen lassen und mit den Pfefferschotenstreifen über die Kartoffeln geben. Das Ganze wird mit Salatblättern, Ei-Hälften und Oliven garniert.

Für 4 Personen ca. 40 Minuten

Tipp: Eier im kalten Wasser pellen geht leichter!

Ein Rezept von

MONIKA KAMMANN-NEIER AUS BÜNDE

Seitdem sie mit ihrer Familie in den 80er Jahren in Peru lebte, gehört das Rezept zum festen Repertoire der 67-Jährigen. „Ich habe damals zusammen mit einem peruanischen Hausmädchen gekocht und war vom Geschmack total begeistert.“ Nur vor der Schärfe warnt Monika Kammann-Neier zur Sicherheit. „Da sollte sich jeder nach Geschmack rantasten. Lieber zurückhaltender würzen am Anfang.“

FISCH

Ob frisch aus dem Meer oder auch mal aus der Tiefkühltruhe, Fisch schmeckt und ist sehr gesund.

4

BÜROKLAMMERFISCH

mit Currykartoffeln

4

Zutaten

- 4 Seelachsfilets (es geht auch Heilbutt, Lachs oder Rotbarsch) à 200 g
- 1 rote Paprika
- 1 Zucchini
- 2 Tomaten
- 1 rote Zwiebel
- 1 Knoblauchzehe
- 3 EL Olivenöl
- 1 TL getrocknete Kräuter der Provence (oder frisch nach Belieben Thymian, Rosmarin, Majoran und Bohnenkraut mischen)
- 1 unbehandelte Zitrone
- 500 g Kartoffeln
- 1 TL Currypulver
- Salz, Pfeffer
- 4 Blatt Backpapier, 30 x 40 cm
- 1 Bürotacker

Zubereitung

1. Zuerst die Paprikaschote halbieren, die weißen Trennwände und Kerne entfernen. Paprika waschen und in kleine Würfel schneiden. Zucchini putzen, waschen und kleinwürfeln. Tomaten waschen, halbieren und dabei den Stielansatz entfernen. Fruchtfleisch in kleine Würfel schneiden. Zwiebel schälen und in feine Ringe schneiden. Knoblauch schälen und feinhacken.

2. Vorbereitete Gemüse, 2 Esslöffel Öl, Kräuter, Salz, Pfeffer und 1 Teelöffel Zitronensaft vermengen. Backpapier auslegen und in der Mitte das Gemüse darauf verteilen.

3. Backofen auf 180 Grad Ober/Unterhitze vorheizen.

4. Fischfilets waschen und trockentupfen. Mit 1 Teelöffel Zitronensaft, Salz und Pfeffer würzen und auf das Gemüse setzen. Wer möchte, kann auch noch eine Scheibe Zitrone auf den Fisch legen. Das restliche Öl darüberträufeln. Der Fisch muss in das Papier passen, deshalb lieber zwei Pakete, wenn das Stück zu groß ist. Papier über dem Fisch zusammenschlagen und mit dem Bürotacker locker, aber dicht verschließen. Wenn sie keinen Bürotacker haben, kann man auch Büroklammern nehmen oder das Papier falten. Dann das Päckchen auf ein Backblech setzen und im vorgeheizten Backofen garen (ca. 15 bis 20 Minuten je nach Dicke des Fisches). Das Backpapier bläst sich dabei leicht auf.

5. In der Zeit die geschälten Kartoffeln in Salzwasser weichkochen. Dann die gekochten Kartoffeln abgießen und im Topf ausdampfen lassen. Wenn Sie trocken sind, mit Currypulver bestreuen.

6. Päckchen aus dem Ofen nehmen und jeweils auf einen Teller setzen. Vorsichtig öffnen.

Für 4 Personen 60 Minuten

Tipp: *Dazu die Currykartoffeln reichen und einen trockenen Weißwein.*

Ein Rezept von

KLAUS MEDING AUS BAD SALZUFLEN

Die Idee für sein Gericht hat der 62-Jährige von Kolja Kleeberg. „Ich war zu Besuch bei dem Sternekoch in Berlin, da hat er Spargel im Papier zusammengeklammert serviert.“ Da der Lipper Klaus Meding gerne angeln geht und gerne kocht, überlegte er sich, ob die Zubereitungsart nicht auch mit Fisch funktioniert. „So ist das Rezept entstanden.“ Seitdem kocht er es mit Erfolg für seine Frau und gute Freunde.

PASTA
mit Lachs und Gurke

4

Zutaten

- 500 g TK-Lachsfilet
- 2 EL Zitronensaft
- Salz, Pfeffer
- 2 Salatgurken
- 1 Zwiebel
- 1 Bund Petersilie
- 2 EL Rapsöl
- 200 ml Gemüsebrühe
- flüssiger Süßstoff
- 150 g Bandnudeln
- 200 ml Milch, 1,5 % Fett
- 3 TL mittelscharfer Senf
- ½ Becher Cremefine

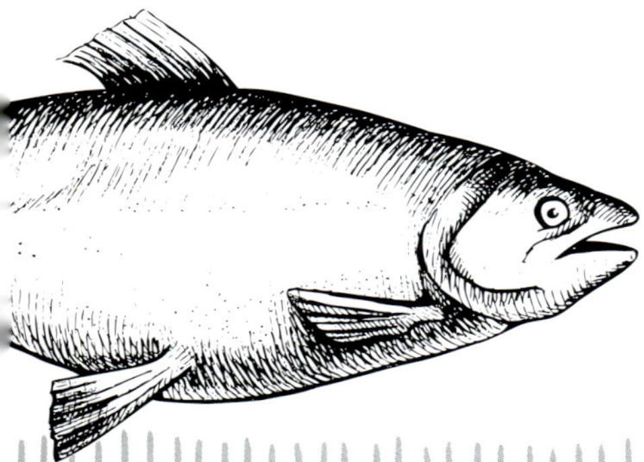

Zubereitung

1. Aufgetautes Lachsfilet waschen, trockentupfen, mit Zitronensaft beträufeln, salzen, pfeffern und in grobe Würfel schneiden. Die Gurken schälen, längs halbieren, mit einem Teelöffel entkernen und in mitteldicke Ringe schneiden. Die Zwiebel schälen und würfeln. Petersilie waschen, trockentupfen und hacken. Einen Esslöffel Rapsöl in einer Pfanne erhitzen, darin Zwiebelwürfel und Gurkenstücke dünsten. Das Gemüse mit der Gemüsebrühe ablöschen, etwas Pfeffer und einen Spritzer flüssigen Süßstoff zugeben und etwa drei Minuten köcheln lassen und dann aus der Pfanne nehmen.

2. Nudeln in Salzwasser kochen. Währenddessen das restliche Öl in der Pfanne erhitzen und die Lachswürfel rundherum anbraten. Jetzt das Gemüse mit einem Schäumer und erst einmal der Hälfte der Milch und Cremefine zugeben, mit Senf glattrühren, weitere drei Minuten dünsten. (Falls mehr Soße gewünscht wird, noch Gemüseflüssigkeit und Milch/Cremefine zugeben.) Zum Schluss die Petersilie unter die Soße geben.

3. Nudeln auf 2 Pastatellern portionieren und die Soße darübergießen.

Für 4 Personen 45 Minuten

Ein Rezept von

ANGELIKA GREMMEL AUS GÜTERSLOH

Kochen ist für Angelika Gremmel durchaus eine Freude. „Aber ich versuche gerne mal, den Aufwand gering zu halten." Kein Wunder, dass ihr dieses Gericht so gut schmeckt. Denn trotz seiner Vielseitigkeit ist es leicht zuzubereiten. „Und vor allem ist es lecker, wir essen es eigentlich mindestens einmal im Monat." Und um weitere Ideen zu sammeln, besucht die 65-Jährige Kochkurse in der Volkshochschule.

Tipp: Mit Petersilie bestreut servieren.

Wissen:

ZWIEBEL

Klein, rund, scharf: Zwiebeln können einem die Tränen in die Augen treiben. Selbst milde bis leicht süßliche Exemplare. Schuld daran sind zwei Stoffe: Die schwefelhaltige Aminosäure Alliin und ein Enzym namens Alliinase. Beide sind eigentlich durch Zellwände voneinander getrennt. Beim Schneiden werden die aufgebrochen – und die Mischung sondert die tränenreibenden Dämpfe ab. Unabhängig davon geben Zwiebeln aber nicht nur tolle Würze, sie liefern auch wichtige Inhaltstoffe, die heilsame Wirkung versprechen. Besonders die schwefelhaltigen ätherischen Öle können krankmachende Bakterien und Pilze hemmen. Auch auf den Cholesterin- und Blutzuckerspiegel hat die Zwiebel positiven Einfluss.

ZITRONENFISCH
mit Dill

4

Zutaten

- 4 Kabeljaufilets
- 1 Bund Frühlingszwiebeln
- 1 Bio-Zitrone
- 1 EL Butter
- Salz, Pfeffer, etwas Muskat
- 4 Stängel Dill
- mediterrane Kräuter: Thymian, Rosmarin, 2 frische Lorbeerblätter, Petersilie

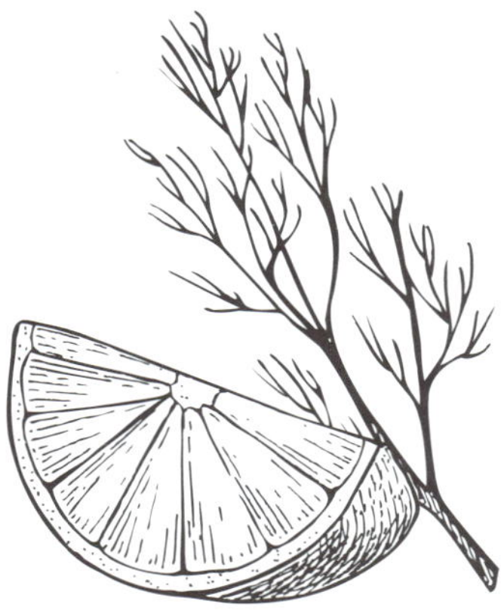

Zubereitung

1. Fischfilets waschen, eventuell vorhandene Gräten entfernen, salzen und pfeffern.

2. Die Frühlingszwiebeln waschen und putzen, in Scheiben schneiden und in eine Auflaufform legen.

3. Auf das Frühlingszwiebelbett die Fischfilets legen. Die Lorbeerblätter und die gehackten Kräuter (Dill, Rosmarin, Thymian und Petersilie) darauf verteilen.

4. Die Zitrone in Scheiben schneiden und auf den Fisch legen. Butterflöckchen darauf verteilen.

5. Im Backofen bei Umluft 20 Minuten bei 160 Grad garen.

Für 4 Personen 50 Minuten

Ein Rezept von

MARION NETSCHNY AUS ENGER

Als Berufstätige in Vollzeit soll es häufiger mal nicht nur lecker werden für Marion Netschny und ihre Familie, sondern es muss auch schnell gehen. „Darum essen wir diesen Fisch so gerne.“ Um jedem Gericht den richtigen Pfiff zu geben, bedient sich die 63-Jährige gerne am eigenen Kräutergarten. Zudem baut sie auch Tomaten an. „Die älteren Sorten vor allem, denn Tomate ist nicht gleich Tomate.“

Tipp: Dazu passen Butterkartoffeln mit Dill.

Wissen:

DILL

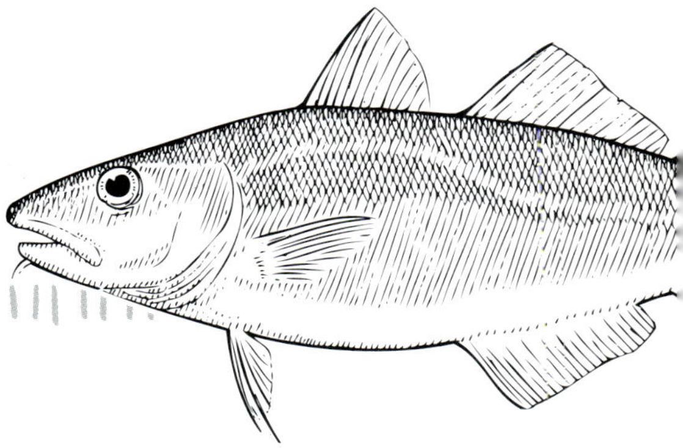

Fisch, Suppe, Graved Lachs, Gurkensalat: Das sind die Klassiker mit Dill. Geschmacklich ist er mit Anis und Kümmel verwandt, wirkt verdauungsfördernd und beruhigend – was sich vom ursprünglichen Namen, dem Altenglischen „dylle" für beruhigend, ableiten lässt. Die krautige Pflanze stammt vermutlich aus Südostasien, von wo aus sie über Südeuropa nach Westeuropa gelangte. Er sollte übrigens erst kurz vor dem Servieren oder zum Ende der Kochzeit hinzugegeben werden, damit sich sein ätherisches Öl nicht verflüchtigt und der Geschmack bleibt. Und wer mal Großes vorhat: In der Antike haben sich Gladiatoren und Schaukämpfer mit Dillöl eingerieben, da es als schmerzlindernd und wundheilend galt.

JEANNYS LINGUINE
mit Garnelen in roter Knoblauch-Soße

4

Zutaten

- 3 EL Olivenöl
- 3 EL Butter
- 4 Knoblauchzehen, sehr fein gehackt
- 1 rote Paprikaschote fein gewürfelt
- 2 EL Tomatenmark, scharf
- 125 ml Weißwein, trocken
- 450 g Nudeln (Linguine)
- 350 g Garnelen, TK oder frisch, entdarmt
- 125 g Crème double
- 3 EL Petersilie, gehackt
- Salz und Pfeffer

Zubereitung

1. Öl und Butter bei mittlerer Hitze in einem Topf erhitzen. Knoblauch und Paprika zufügen. Ein paar Sekunden dünsten, bis der Knoblauch glasig ist. Tomatenmark und Wein einrühren und etwa 10 Minuten unter Rühren kochen.

2. In einem großen Topf leicht gesalzenes Wasser aufkochen und die Nudeln „al dente" kochen. Abgießen, abtropfen lassen und in den Topf zurückgeben.

3. Die Garnelen in die Soße geben und die Hitze erhöhen. Ca. 7 bis 10 Minuten unter Rühren garen, bis die Garnelen schön knackig sind (bitte probieren). Die Hitze wieder reduzieren und die Crème double einrühren. Ca. 1 Minute unter ständigem Rühren köcheln lassen, bis die Soße andickt. Mit Salz und Pfeffer abschmecken.

4. Die Nudeln in eine vorgewärmte Schüssel geben und die Soße darüber verteilen. Gut mischen und mit Petersilie bestreuen. Sofort servieren.

Für 4 Personen 30 Minuten

Ein Rezept von

JANINE SCHIMMRICK AUS ENGER

Das Rezept ist aus dem Hause Schimmrick nicht mehr wegzudenken. „Wir kochen es schon seit vielen Jahren. Und das immer wieder richtig gerne", sagt die 41-jährige Janine „Jeanny" Schimmrick. Die Idee für die Pasta hat sie aus einem Kochbuch, „aber wir haben es nach unserem Geschmack abgewandelt. So ist es perfekt und lecker!"

Tipp: *Dazu passt ein Salat mit Rucola, Tomaten, gehobeltem Parmesan und einem erfrischenden Balsamicodressing.*

Wissen:

KNOBLAUCH

Zugegeben, der Genuss von Knoblauch hat eine unangenehme Nebenwirkung, die man nur bei Menschen erträgt, die man sehr, sehr gerne mag: den Geruch danach. Wenn man aber die guten Eigenschaften des Gewächses aus der Lauchfamilie dagegen aufwiegt, sollte man großzügig darüber hinwegriechen. Denn man weiß: Sein Gegenüber hat sich was richtig Gutes getan. Knoblauch ist seit Jahrtausenden bekannt und in fast allen Kulturen und Küchen zu finden. Der Pflanzenstoff, der beim Zerkauen, Schneiden oder Pressen des Knoblauchs entsteht, ist Allicin. Es verleiht dem Knoblauch nicht nur seinen typischen Geruch, sondern auch seine heilenden Erfolge. Es wirkt antibakteriell, verbessert die Fließeigenschaften des Blutes, hält die Blutgefäße sauber und kann dabei helfen, den Cholesterinspiegel zu senken. Außerdem schmeckt Knoblauch einfach gut. Dufte Knolle also!

FORELLE
mit Kartoffelscheibchen aus dem Backofen

4

Zutaten

- 3 – 4 Forellen (je nach Größe)
- 80 g Butter (weich)
- 2 TL getrockneter Estragon
- 1 TL geriebene Zitronenschale (unbehandelt)
- 1 TL Zitronensaft
- Salz, Pfeffer
- 800 g festkochende Kartoffeln
- 1 – 2 EL Öl

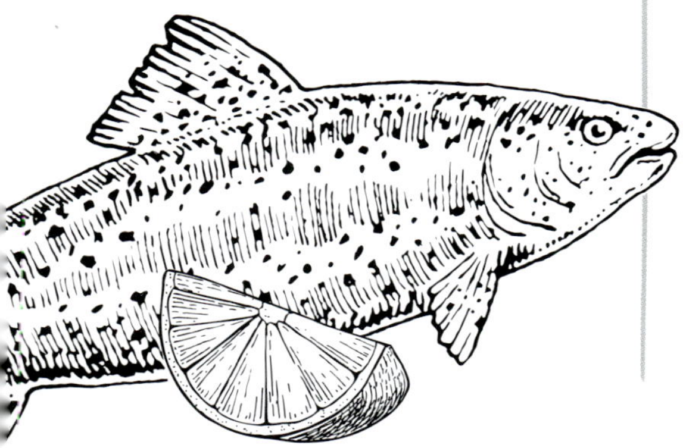

Zubereitung

1. Weiche Butter mit Estragon, Zitronenschale, Zitronensaft, etwas Salz und Pfeffer verrühren.

2. Kartoffeln schälen, waschen und in dünne Scheiben hobeln oder schneiden und in einer Schüssel mit dem Öl durchmischen.

3. Das Backblech mit Backpapier auslegen, die Kartoffelscheiben darauf verteilen und leicht salzen. Kartoffeln im Backofen bei 220 Grad (Umluft nicht empfehlenswert) ca. 20 Minuten garen.

4. Forellen waschen und trockentupfen, innen und außen salzen und pfeffern. Etwas von der Estragonbutter in den Fisch streichen. Jeden Fisch einzeln auf ein ausreichend großes Stück Alufolie legen, etwas Estragonbutter oben auf den Fisch geben und die Folien zu Päckchen falten. Die Päckchen auf einem Backofengitter über den Kartoffeln in den Ofen schieben und beides noch ca. 20 bis 25 Minuten garen.

5. Fischpäckchen öffnen, den Fisch und die Kartoffelscheiben auf einem Teller anrichten.

Für 4 Personen 70 Minuten

Ein Rezept von

BARBARA HAGEMANN-KOSFELD AUS GÜTERSLOH

Die 58-Jährige ist experimentierfreudig in der Küche. „Ein Rezept koche ich nur beim ersten Mal genau nach Vorlage, danach wandle ich es nach meinem Geschmack um.“ So war es auch bei dieser Forelle aus dem Backofen. Zudem schätzt die Gütersloherin auch Abwechslung am Herd. „Ich variere gerne bei dem, was wir essen. Daher gibt es auch Tage, wo wir weder Fisch noch Fleisch essen.“

Tipp:

Im Winter passt jeder grüne Salat, Tomaten- oder Bohnensalat dazu. Im Sommer passt ein Tomaten-Aprikosen-Salat.

Wissen:

KARTOFFELN

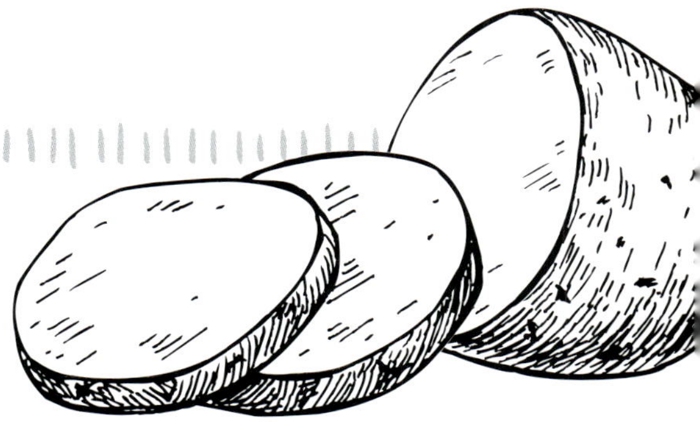

Die Kartoffel ist unser Liebling. 300 Millionen Tonnen werden jährlich weltweit verzehrt, und besonders aus unserer deutschen Küche ist sie kaum wegzudenken. Zubereitet gibt es sie in allen Variationen: gestampft, püriert, in Eintöpfen oder Kartoffelsalat verarbeitet, als Puffer, Pommes, Back- oder Ofenkartoffel mit Rosmarin, als Bratkartoffel, im Gratin oder als einfache Salzkartoffel. Eine einfache, unterirdisch wachsende Knolle, die ausgesprochen vielseitig ist. Und lecker. Dabei ist sie nach Europa einst nur wegen der schönen Blüte und des üppigen Laubes als reine Zierpflanze eingeführt und als seltene Pflanze in botanische Gärten gepflanzt worden – weil man nicht wusste, dass nur die Knolle essbar ist. Manch einer hatte sich an den oberirdischen Blättern den Magen verdorben. Die Knolle aber hat es in sich: Sie ist basisch, enthält Vitamin C und Antioxidantien.

DESSERT

Diese süßen Köstlichkeiten schmecken nicht nur nach dem Essen, sondern auch zum Kaffee.

5

ZITRONENSCHNITTEN
mit Puderzucker

5

Zutaten

- 150 g weiche Butter
- 2 Eier
- 175 g Zucker
- geriebene Zitronenschale
- 175 g Mehl
- 1½ TL Backpulver
- 125 ml Milch
- 140 g Puderzucker
- 50 ml frisch gepresster Zitronensaft

Zubereitung

1. Backofen auf 180 Grad vorheizen. Flache Backform ca. 20x20 cm einfetten, mit Backpapier auslegen. Eier, Zucker und Butter in einer Schüssel cremig rühren. Zitronenschale, Mehl und Backpulver zugeben, gut verrühren. Milch zugeben und alles zu einem Teig verarbeiten. Teig in Form füllen, glattstreichen.

2. Etwa 40 Minuten im Backofen backen, bis er goldbraun ist und unter leichtem Druck nachgibt.

3. Aus dem Ofen nehmen, kurz abkühlen lassen. Für den Sirup Puderzucker und Zitronensaft unter Rühren erwärmen, aber nicht aufkochen lassen. Der Zucker sollte sich komplett auflösen.

4. Den warmen Kuchen mit Holzspieß mehrmals einstechen und mit dem Sirup gleichmäßig übergießen. Dann abkühlen lassen, stürzen, in 12 Stücke schneiden und mit Puderzucker überstäuben.

Ergibt 12 Stücke 1 Stunde 15 Minuten

Ein Rezept von

EVA WENNINGER AUS RHEDA-WIEDENBRÜCK

„Das Rezept war endlich mal eins, das wirklich jedem bei uns in der Familie schmeckt, das ist sonst nicht immer ganz so einfach", sagt Eva Wenninger. Die 47-Jährige mag an ihren Zitronenschnitten besonders, dass „sie so wunderbar locker und saftig sind und so frisch nach Zitrone schmecken". Die Inspiration bekam die leidenschaftliche Köchin und Bäckerin beim Stöbern in einem Kochbuch.

Tipp: Zitronen vor dem Ausdrücken mit Druck über die Arbeitsplatte rollen.

Wissen:

ZITRONE

Früher hieß die Zitrone Limone – was sich vom arabischen Wort „lemon“ ableitet und zum Beispiel im Englischen oder Französischen noch bis heute benutzt wird. In Deutschland gibt es die gelbe saure Frucht etwa seit der zweiten Hälfte des 16. Jahrhunderts, in Sizilien und Spanien schon gut 300 Jahre länger. Berühmt wurde sie, als der schottische Schiffsarzt James Lind um 1750 herausfand, dass Zitronensaft gegen Skorbut helfen kann. An der Vitaminmangelkrankheit litten zur damaligen Zeit viele Seeleute aufgrund der einseitigen Ernährung auf langen Überfahrten. Allerdings dachte man damals noch, das Heilmittel sei die Säure im Saft – Vitamine wie das eigentlich heilende Vitamin C waren noch weitgehend unbekannt.

LIPPER GOLDSTÜCK
mit Schlagsahne

5

Zutaten

Biskuitboden
- 6 Eier, Größe M
- 170 g Zucker
- 100 g Mehl
- 75 g Speisestärke

50 g Butter

Füllung
- 500 g Quark (20 % Fett)
- 4 Eigelb
- 125 ml Milch
- 100 g Zucker
- 600 g Sahne, geschlagen

9 Blatt Gelatine
- 1 Prise Salz
- etwas geriebene Zitronenschale (unbehandelt)
- 1 EL Pflanzenöl
- 1–2 TL Zucker

Dekoration
- 200 ml Schlagsahne
- 1 Päckchen Sahnesteif
- Puderzucker zum Bestäuben

Zubereitung

1. Biskuitboden
   Springform fetten und mit Mehl bestäuben. Eier trennen. Mehl und Speisestärke mischen und sieben. Butter zerlassen. Eiweiß mit Zucker zu Schnee schlagen, dann Eigelb unterziehen, die Mehlmischung unterheben und die Masse mit der flüssigen Butter verrühren. Für den Boden etwa 80 Prozent der Teigmasse in die Springform füllen und glattstreichen. Backpapier auf ein Backblech auslegen und für den Deckel die restlichen 20 Prozent zu einem Kreis mit 26 cm Durchmesser ausstreichen. Deckel und Boden zusammen bei 170 Grad Umluft hellgelb backen. Der Boden braucht ca. 20 bis 25 Minuten Backzeit, der dünnere Deckel ist schon nach ca. 8 bis 10 Minuten fertig. Boden und Deckel nach dem Backen herausnehmen und auskühlen lassen. Biskuit aus der Springform lösen und den dünnen Deckel in 12 oder 14 Ecken teilen.

2. Füllung
   Milch erhitzen. Eigelb und Zucker mit dem Handrührgerät kurz schaumig aufschlagen und unter Rühren in die heiße Milch geben. Auskühlen lassen. In der Zwischenzeit Gelatine in kaltem Wasser einweichen und den Rand der Springform mit etwas Pflanzenöl ausstreichen und mit Zucker ausstreuen. Quark mit Salz und Zitronenabrieb in das erkaltete Eigelb-Milch-Gemisch rühren, dann die aufgelöste Gelatine einrühren und zum Schluss die geschlagene Sahne unterheben.
   Biskuitboden in die Springform legen, die Masse einfüllen und glattstreichen.
   Für 3 bis 4 Stunden kühl stellen.

2. Dekoration
   Nach der Kühlzeit aus der Springform lösen. Sahne mit Sahnesteif steifschlagen und die Torte komplett mit Sahne einstreichen. Dann die 12 bzw. 14 einzelnen Biskuitdeckel-Teile auf die Torte legen und mit Puderzucker bestäuben.

Ergibt 12 Stücke ca. 4 bis 5 Stunden

Tipp: Der Kuchen lässt sich problemlos vorbereiten.

Ein Rezept von

INGEBORG THIEMANN AUS BAD LIPPSPRINGE

„Das eigentliche Rezept der Käse-Sahne-Torte habe ich verändert und auf unseren Geschmack zugeschnitten, es ist jetzt ein echtes Familienrezept", sagt Ingeborg Thiemann. Die 52-Jährige backt und kocht leidenschaftlich. „Und diesen Kuchen kann ich wirklich jedem mit bestem Gewissen empfehlen!"

LUFTIGER TIRAMISU-KUCHEN
für Engel

5

Zutaten

- 150 g Löffelbiskuits
- 50 ml Kaffeelikör
- 100 ml kalter Espresso
- 150 g weiße Kuvertüre
- 4 Blatt Gelatine
- 600 g Frischkäse
- 50 ml Marsala (ital. Dessertwein)
- 30 g Zucker
- 2 EL Kakaopulver

Zubereitung

1. Löffelbiskuits in eine Springform legen. Kaffeelikör und Espresso verrühren und die Biskuits damit gleichmäßig beträufeln.

2. Kuvertüre im Wasserbad schmelzen und wieder etwas abkühlen lassen. Gelatine in kaltem Wasser einweichen. Streichkäse, Marsala, Kuvertüre und Zucker schaumig aufschlagen. Ausgedrückte Gelatine in einen Topf geben und vorsichtig erwärmen, bis sie sich auflöst, vom Herd nehmen und die Creme mit einem Schneebesen gut rühren. Anschließend auf den Biskuit verteilen und glattstreichen.

3. Die Torte etwa 2 Stunden in den Kühlschrank stellen. Mit Kakaopulver leicht bestäuben und servieren.

Ergibt 12 Stücke ca. 2 Stunden 30 Minuten

Ein Rezept von

MANUELA GUNTELMANN AUS HIDDENHAUSEN

Der Kuchen von Manuela Guntelmann hat einen großen Vorteil: „Er gelingt auch jemandem, der nicht backen kann", sagt die 53-Jährige aus Hiddenhausen. In nur einer halben Stunde lässt sich der Kuchen zubereiten, anschließend muss er nur im Kühlschrank durchziehen. „Das Rezept habe ich vor zwei oder drei Jahren mal gefunden, seitdem essen wir den Kuchen immer wieder gerne."

Tipp: Der Espresso darf ruhig kräftig sein.

Wissen:

KAKAO

Seine Erfolgsgeschichte beginnt um 1.000 vor Christus in Mittelamerika. Damals wurde allerdings noch nicht die Bohne des Kakaostrauchs, sondern nur sein zuckerhaltiges Fruchtfleisch verwendet. Die bittere Bohne, aus deren Weiterverarbeitung dann so wunderbar süße Leckereien wie Schokoladenmuffins oder heißer Kakao hervorgehen, kam erst etwa im 14. Jahrhundert bei den Azteken zum Einsatz. Bei ihnen galt sie als heilig und wurde als Geschenk des Gottes Quetzalcoatl verehrt. Der erste Gewürztrank, der aus den Bohnen hergestellt wurde, unterschied sich aber noch maßgeblich vom heute bekannten Kakao. Die Mischung aus Wasser, Kakao, Mais, Vanille, Cayennepfeffer und Salz war eher bitter.

WEIßER-SCHOKO-KÄSEKUCHEN

mit Doppelkeksboden

Zutaten

- 110 g Butter
- 400 g Doppelkekse (z. B. Prinzenrolle)
- 3 EL Kakaopulver
- 300 g weiße Schokolade
- 600 g Doppelrahm-Frischkäse
- 200 g Schmand
- 100 g Zucker
- 2 Eck. Vanillezucker
- 3 Eier (M)
- 1 Prise Salz
- Butter und Mehl für die Form

Zubereitung

1. Den Backofen auf 160 Grad vorheizen. In den Boden der Springform Backpapier einspannen, Formrand einfetten und mit Mehl ausstreuen.

2. Butter bei geringer Hitze schmelzen lassen. Die Kekse in einen Gefrierbeutel füllen und mit dem Nudelholz darüberrollen, bis feine Brösel entstanden sind. Mit dem Kakao und der Butter mischen. Die Brösel auf dem Boden der Springform verteilen und flächendeckend zu einem kompakten Boden drücken.

3. Schokolade bei geringer Hitze schmelzen lassen. In einer Rührschüssel den Frischkäse, den Schmand, Zucker, Vanillezucker, Eier und Salz mit den Quirlen des Handrührgeräts glattrühren. Schokolade dazugeben und unterrühren.

4. Die Schoko-Käsemasse auf dem Keksboden verteilen und glattstreichen. Im Ofen (Mitte) 1 Stunde backen, dann den Ofen ausschalten und den Kuchen darin noch 15 Minuten ruhen lassen.

5. Den fertigen Schoko-Käsekuchen aus dem Ofen holen. Dann auf einem Kuchengitter auskühlen lassen und aus der Form lösen.

Ergibt 12 Stücke ca. 1 Stunden 40 Minuten

Tipp:

Am besten schmeckt der Schoko-Käsekuchen, wenn er über Nacht durchziehen kann.

Ein Rezept von

JELENA VOGT AUS BIELEFELD

Die 25-Jährige aus Bielefeld backt in ihrer Freizeit gerne. „Zumindest hin und wieder mal", sagt die Erzieherin. An diesem Kuchen schätzt sie besonders den knusprigen Boden. „Der hat bisher jedem geschmeckt." Doch Vorsicht: „Auch wenn es verlockend ist, ein zweites Stück ist gefährlich, denn der Kuchen ist mächtig."

LEBENSMITTEL

Vom Gemüse der Saison bis zu Fisch und Fleisch, hier gibt es Tipps von Köchen aus der Region.

REGIONAL UND FRISCH

Warum Gemüse besser zur jeweiligen Saison schmeckt, erklärt Chefkoch Franz-Josef Brinkmeyer.

Manche behaupten ja, in einer Küche herrschten strenge Regeln. Das mag für einige Bereiche gewiss stimmen, so zum Beispiel in Sachen Hygiene, Sauberkeit und Ordnung. Und klar, das Maß an Zutaten und Gewürzen muss in gutem Verhältnis zueinander stehen. Aber manchmal muss man Regeln auch mal Regeln sein lassen und einfach ausprobieren. Zum Beispiel, wenn man eine tolle Idee für ein neues Rezept hat, aber noch nicht genau weiß, wo es hinführen könnte.
So geht es Franz-Josef Brinkmeyer, Chefkoch im Hotel Aspethera in Paderborn, zumindest. Der 55-Jährige probiert gerne aus, „aber das braucht ein bisschen Zeit“, sagt er. „Einfach etwas zusammenrühren ist nicht.“ Stattdessen wird mit Bedacht kombiniert, gewürzt, probiert, verworfen, neu kombiniert und gewürzt. Bis es passt. Und am liebsten mit frischem Gemüse aus der Region.
„Eigentlich kann man ja heutzutage alles jederzeit bekommen“, sagt er. Aber das würde dem Essen den Reiz nehmen. „Die Herausforderung ist doch, zu jeder Jahreszeit das zuzubereiten, was gerade aktuell frisch und aus der Region ist.“ Sich also von der Natur leiten zu lassen, statt immer nur aus dem Vollen zu schöpfen. „So wird der Speiseplan über das Jahr auch schön abwechslungsreich.“
Im Frühling zum Beispiel gibt es bei ihm Spinat. „Der hat von März bis Mai Saison.“ Abgelöst wird er im Mai von Mangold oder Kohlrabi. „Und im Sommer ist alles da, was man für einen richtig schönen Salat braucht.“ Ab Herbst kommt dann der Feldsalat dazu. Je nach Geschmack mit Fisch oder Fleisch kombiniert oder vegetarisch kreiert.
Sein Gespür für die leckere Seite des Lebens hat er übrigens nicht einfach nur in seiner Ausbildung zum Koch bekommen: „Ich habe sehr viel von meiner Mutter gelernt. Ich habe ihr als kleiner Junge oft über die Schulter geschaut und hier und da mitgemischt. Daher kam dann später auch mein Berufswunsch.“
Apropos: Von seiner Mutter weiß er auch, wie langweilig einseitige Ernährung sein kann. „Sie gehört zur Kriegsgeneration und hatte am Ende des Krieges eigentlich nur noch Steckrüben zu essen. Immer das Gleiche. Ich glaube, sie hätte damals viel für regionales frisches Gemüse und Abwechslung auf dem Teller gegeben.“

»Ich habe schon als Junge meiner Mutter oft beim Kochen geholfen!«

SAISONKALENDER

Gemüse	JAN	FEB	MRZ	APR	MAI	JUN	JUL	AUG	SEP	OKT	NOV	DEZ
Aubergine							x	x	x	x		
Blumenkohl					x	x	x	x	x	x		
Bohnen (grün)					x	x	x	x	x	x		
Brokkoli						x	x	x	x	x		
Champignons	x	x	x	x	x	x	x	x	x	x	x	x
Chicorée	x	x	x							x	x	x
Chinakohl								x	x	x	x	
Eichblattsalat					x	x	x	x	x	x		
Endiviensalat					x	x	x	x	x	x	x	
Erbsen						x						
Feldsalat	x	x								x	x	x
Fenchel						x	x	x	x	x	x	
Frühlingszwiebeln						x	x	x	x	x		
Grünkohl	x	x									x	x
Gurke						x	x	x	x	x		
Kartoffeln					x	x	x	x	x	x		
Kohlrabi					x	x	x	x	x	x		
Kopfsalat				x	x	x	x	x	x	x		
Kürbis								x	x	x	x	
Lauch	x	x	x	x			x	x	x	x	x	x
Mais								x	x	x		
Mangold					x	x	x	x	x	x		
Meerrettich									x	x	x	
Möhren						x	x	x	x	x		
Paprika							x	x	x	x		
Pastinaken	x	x	x									
Radieschen					x	x	x	x	x	x		
Rosenkohl	x	x	x							x	x	x
Rote Bete							x	x	x	x	x	
Rotkohl						x	x	x	x	x	x	
Sellerie	x	x	x						x	x	x	x
Spargel				x	x	x						
Spinat			x	x	x				x	x	x	
Spitzkohl					x	x						
Staudensellerie							x	x	x	x		
Steckrüben									x	x	x	x
Tomaten						x	x	x	x	x		
Weißkohl						x	x	x	x	x	x	
Wirsing	x	x			x	x	x	x	x	x	x	x
Zucchini						x	x	x	x	x		
Zuckerschoten						x	x	x				
Zwiebeln							x	x	x	x		

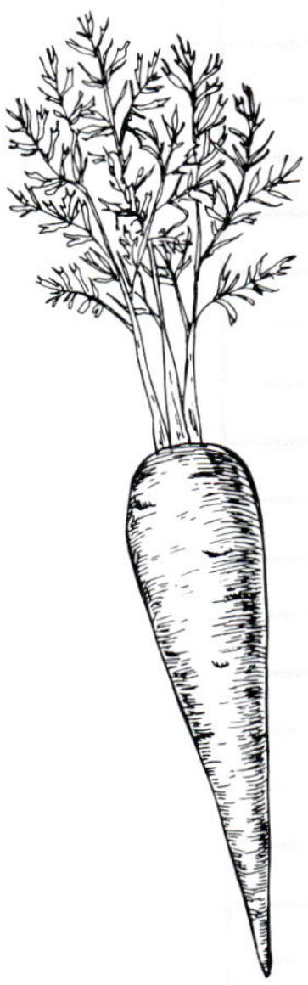

FLEISCHESLUST

Ob Steak, Filet oder Schnitzel, Fleisch gehört in der Küche für die meisten Menschen einfach dazu. Koch Dirk Fiedler gibt Tipps für den richtigen Umgang.

Qualität ist für Dirk Fiedler oberstes Gebot. Seit mehr als neun Jahren kocht er im Spenger Restaurant Ziegenbruch's. Mit Fleisch hat der Koch, der seit fast 30 Jahren in der Küche steht, täglich zu tun. „Wer noch unerfahren in der Küche ist, sollte sich beim Fleischkauf im Supermarkt oder beim Metzger beraten lassen", sagt Fiedler. „Es gibt so viele unterschiedliche Stücke – etwa Filet, Schnitzel oder Schulter – und danach richtet sich die Zubereitung. Natürlich auch nach dem Tier, von dem das Fleisch stammt." Während – je nach Geschmack – ein Rindersteak schon mal blutig, also innen noch fast roh, serviert werden darf, sollte Hähnchen wegen der Gefahr durch Keime nur durchgebraten auf dem Teller landen.

Aufgrund der vielen Unterschiede gibt es kein Patentrezept für eine gelungene Fleischzubereitung. „Man muss da den Mut haben und einfach mal rumprobieren", sagt Dirk Fiedler. Dazu muss es nicht sofort ein teures Rinderfilet sein. „Schweinefilet ist günstiger. Es lässt sich sehr schön in Medaillons schneiden, die je nach Dicke drei oder vier Minuten pro Seite gebraten werden." Wer sich sicherer fühlt, kann so ein Filet dann auch mal im Ganzen braten und im Ofen langsam weitergaren, so wird es zarter. „Idealerweise sollte es in der Mitte noch leicht rosa sein."

»Nicht von Anfang an mit Butter braten, die verbrennt zu schnell.«

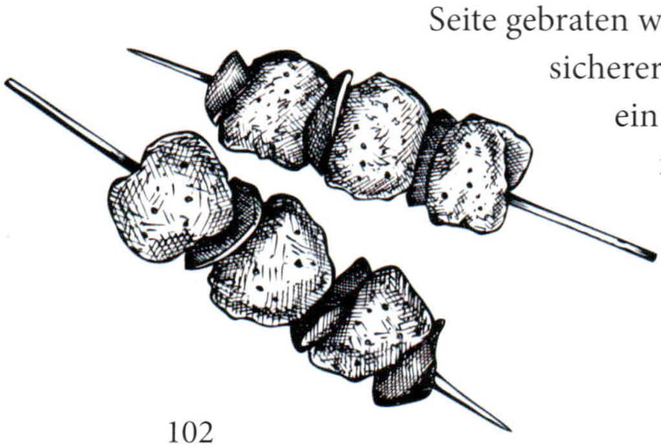

Ob ein Steak oder Schnitzel am Ende aber gelingt, liegt auch an der Qualität des Fleisches. „Wer Abgepacktes im Supermarkt kauft, kann schon mal danebengreifen. Ein Filet etwa sollte sich zart anfühlen, nicht fest, sonst kann man das noch so schonend braten, am Ende schmeckt es zäh", erklärt der Koch. Ist die Fleischqualität gut, sollte die Küchenausstattung dazu passen. Eine gute Pfanne, die sich sehr hoch erhitzen lässt, ist ein absolutes Muss für Fleischfans. Gusseiserne Exemplare sind oft die richtige Wahl. „Und in der Pfanne bitte nicht von Anfang an mit Butter braten", betont Fiedler, „die verbrennt schnell und dann schmeckt es nicht mehr. Besser Pflanzenöl nehmen und kurz vor dem Ende ein Stückchen Butter für den Geschmack dazugeben."

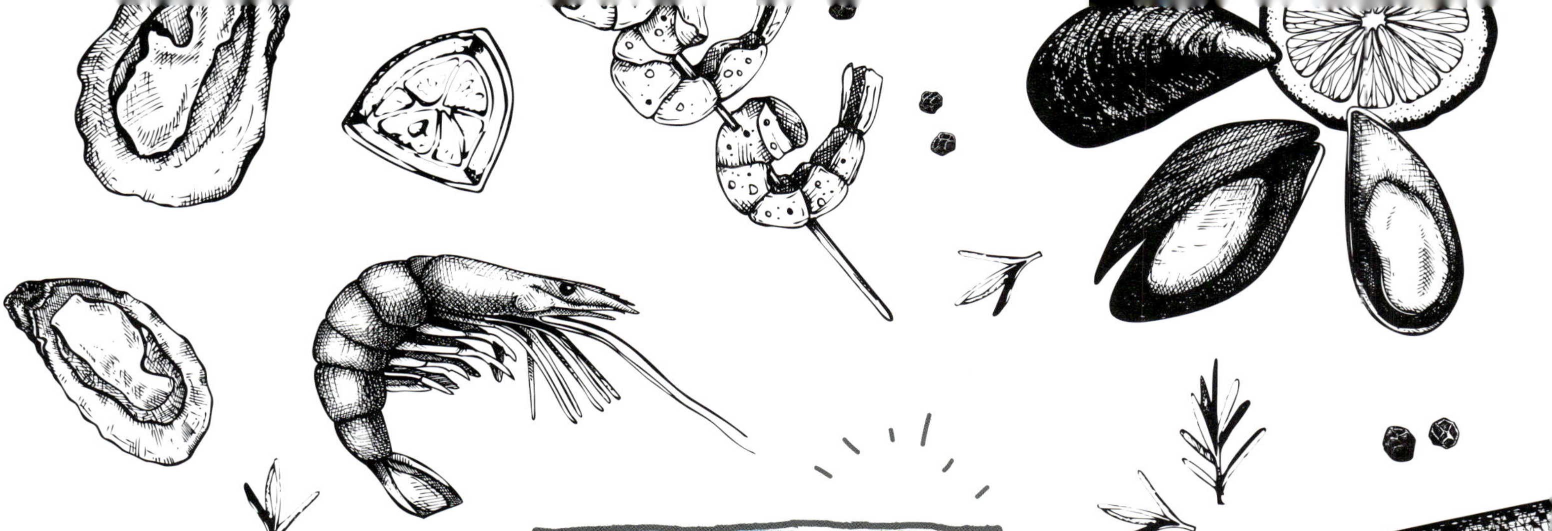

AUS DEM MEER

Wie sich wirklich frischer Fisch erkennen lässt und wie er am leckersten zubereitet wird, verrät Koch Zoran Bundra.

Fisch ist gesund. Fisch ist vielseitig. Und das Wichtigste: Fisch ist lecker. Worauf es bei den Meerestieren ankommt, erklärt Küchenmeister Zoran Bundra, ihm gehört die menuefaktur in Bünde.

Wer frischen Fisch im Ganzen kauft, sollte genau hinschauen. „Es gibt einige Anhaltspunkte, an denen sich die Frische sehr gut ablesen lässt", sagt Bundra. Da wären etwa die Kiemen, sie sollten glänzend, feucht und enganliegend sein. Ebenfalls sehr aufschlussreich ist ein tiefer Blick in die Augen des Fischs. „Sie müssen klar und glänzend sein", erklärt Bundra. „Und dann ist noch ganz wichtig, auf den Geruch zu achten." Denn frischer Fisch sollte niemals nach Fisch riechen, sondern neutral. Je nach Gewässer kann er auch nach Meer oder See riechen. „Aber intensiver Fischgeruch sollte einem sagen, dass man die Finger von der Ware lässt."

»Ein Blick in die Augen des Fisches ist aufschlussreich.«

Doch welcher Fisch ist eigentlich für Neulinge am Herd besonders gut geeignet? „Mit Lachs kann man nicht viel falsch machen", sagt Bundra. Auch ein Zanderfilet sei, „wie eigentlich jeder festfleischige Fisch", relativ einfach zu braten. Einfach den Zander in etwas Mehl wenden, abklopfen und dann in der Pfanne mit etwas Butter glasig braten. „Maismehl schmeckt noch etwas besser", sagt Bundra, der seinen Gästen gerne auch Makrele empfiehlt. „Die schmeckt ein wenig wie Thunfisch, ist aber nicht überfischt."

Allgemein rät Bundra dazu, sich einfach an verschiedenen Sorten zu probieren. „Man braucht da keine Sorgen zu haben", sagt der Bünder. „Generell gilt: Will man ein Filet braten und die Haut mitessen dann wird auf der Haut angebraten, damit sie knusprig wird." Eine schöne Alternative: Fisch im Backpapier-Päckchen oder im Bratschlauch garen, „so kommt viel Geschmack in das Fleisch."

KÜHLE ANGELEGENHEIT

So viele Fächer - aber wo sind die Lebensmittel richtig aufgehoben, damit sie lange haltbar bleiben? Torsten Clausen von Miele gibt Tipps fürs Einräumen.

Oben

1 In diesem Fach herrschen die höchten Temperaturen. Hier können lange haltbare Lebensmittel gelagert werden sowie Zubereitetes, Angebrochenes, Kuchen oder gut verpackter Käse.

Mitte

2 Bei einer Temperatur von etwa 5 Grad (je nach Geräteeinstellung) lagern hier Milchprodukte wie Sahne, Joghurt, Quark, Käse. Auch vorbereitete Speisen wie frischgeschnittenes Gemüse liegen hier richtig.

Unten

3 Unten befindet sich die kälteste Zone im Kühlschrank. Bakterien werden kaltgestellt. Damit gehört dieses Fach den leicht verderblichen Lebensmitteln wie Hackfleisch, Wurst, Steaks oder Fisch.

Gemüsefach

4 Im sogenannten Gemüsefach sind die Temperaturen auch sehr niedrig. Optimal also für die Lagerung von Obst, Gemüse und Salat. Brokkoli, Spinat, und auch Erdbeeren fühlen sich hier besonders wohl.

Gefrierfach

5 Um frische Lebensmittel einzufrieren und Lebensmittel langfristig zu lagern, ist eine Temperatur von minus 18 Grad erforderlich. So ist das Wachstum der Mikroorganismen weitgehend eingestellt.

Tür

6 Während im oberen Türfach optimalerweise Eier, Butter und Margarine lagern, fühlen sich Marmelade, Mayonnaise, Soßen, Senf und Ketchup im mittleren Türbereich wohl. Darunter stehen Getränke.

ZUM SCHLUSS

Jetzt haben Sie die Wahl: Haben Sie Lust auf Fleisch oder auf Fisch? Auf Gemüse, herzhaft oder süß? Und wie sieht es mit einem kreativen Nachtisch aus? Sie müssen sich nur aus den vielen Rezepten, die Sie, liebe Leser, in diesem Buch zusammengetragen haben, aussuchen, was Ihren Gaumen schon beim Gedanken daran kitzeln könnte. Und dann heißt es: ran an den Herd. Die Küche ist perfekt, die Ausstattung ebenfalls und eigentlich können Sie auch ganz gut kochen … Aber irgendwie fehlt doch noch der letzte Schliff? Eine Idee für Neues, für den richtigen Umgang mit Geräten, eine Anregung für Weihnachten, Geburtstage oder eine Party? Dann ist vielleicht ein Kochkurs eine gute Möglichkeit, nochmal Schwung in die heimische Küche zu bringen. Oder vielleicht sogar zu lernen, die im Buch vorgestellten Rezepte zu variieren.

»Kochkurse bringen Inspiration, Anleitung und neuen Schwung in die Küche.«

KOCHKURSE

Eine große Auswahl an Kochkursen in der Region oder zu Koch-Erlebnissen, die man mit einer kulinarischen Reise verbinden kann, gibt es im Internet. Besondere Angebote hält aber zum Beispiel auch Miele mit seinen Events für Sie bereit. Wer mehr zu Bedienung, Technologie und Qualität seiner Geräte erfahren möchte, ist bei einer „Produkterlebnis"-Veranstaltung an der richtigen Adresse. Egal ob Dampfgarer, Dialoggarer oder andere Einbaugeräte: In lockerer Atmosphäre lernt man gemeinsam mit anderen Kochbegeisterten, seine Hightech-Küchenausstattung optimal zu nutzen. Hier gibt es clevere Tipps – und feine Kostproben.

Bei der „Kochkunst" hingegen geht es um den Genuss. Hier wird verfeinert, gibt es Inspiration und Anleitung: im Miele Center Gütersloh, in der Miele Gallery Berlin oder an anderen ausgewählten Orten. Je nach Motto ist man am Ende in der Lage, die Liebsten mit auf eine mexikanische oder französische Genussreise zu nehmen. Fisch, Fleisch oder vegetarische Gerichte bekommen die richtige Portion des berühmten gewissen Etwas, klassische Rezepte werden regional variiert.

Und dann gibt es noch die Miele „Tafelkünstler". Unter diesem Namen haben sich 55 renommierte Kochschulen Deutschlands in Kooperation mit Miele zu einem kulinarischen Netzwerk zusammengeschlossen. Sie bieten bundesweit genussvolle, unterhaltsame und lehrreiche Kurse an. Hier lernt man in entspannter Atmosphäre gemeinsam mit anderen Kochverliebten die neuesten Zubereitungsarten und auch die Miele-Einbaugeräte kennen.

IMPRESSUM

1. Auflage November 2017
Herausgeber: Zeitungsverlag Neue Westfälische GmbH & Co. KG
Verantwortlich im Sinne des Pressegesetzes: Thomas Seim

Redaktion: Lennart Krause (Projektleitung), Tina Gallach, Jessica Weiser, Heidi Hagen-Pekdemir
Produktion: NOW-Medien GmbH & Co. KG, Bielefeld
Satz und Gestaltung: Maike Sommer

Fotos: Oliver Krato (S. 5); Sarah Jonek (S. 8, 53 u.); Heike von Schulz (S. 18, 19); Barbara Franke (S. 20, 21, 25, 37, 64, 65); Karin Prignitz (S. 22, 23, 51, 66, 67, 69); Lennart Krause (S. 27, 97); Frank-Michael Kiel-Steinkamp (S. 31, 47, 94, 95); Derk Steinert (S. 32,33); Gerald Dunkel (S. 34, 35, 60, 61, 75); Rita Rudolf (S. 39); Wolfgang Rudolf (S. 38); Marc Köppelmann (S. 40, 41, 92, 93); Simone Floerke (S. 42, 43); Dietmar Gröbing (S. 44, 45); Birger Berbüsse (S. 48, 49, 73); Stefan Brams (S. 51 o.); Andreas Zobe (S. 54, 55); Hendrik Schmalhorst (S. 56, 57); Vivian Tharun (S. 59 o.); Bernd Müller (S. 59 u.); Frank Purucker (S. 70, 71); Horst Biere (S. 79); Jens Dünhölter (S. 80, 81); Andreas Sundermeier (S. 82, 83); Stefanie Boss (S. 84, 85); Jens Dünhölter (S. 86, 87); Waltraud Leskovsek (S. 90, 91)

Illustrationen: iStock

Druck und Bindung: Multiprint GmbH

ISBN 978-3-923231-96-6